K. 1587.
B. 3.

9311

HISTOIRE
DES
REVOLUTIONS
DE GENES.
TOME TROISIEME.

HISTOIRE
DES
REVOLUTIONS
DE GENES,

DEPUIS SON ÉTABLISSEMENT
jusqu'à la conclusion de la
Paix de 1748.

TOME TROISIEME.

A PARIS, QUAI DES AUGUSTINS,
Près le Pont Saint Michel.

Chez { NYON Fils, à l'Occasion.
       ROBUSTEL, à la Reine des Reines.

───────────────────────

M. DCC. L.
Avec Approbation & Privilege du Roi.

SOMMAIRES

Du Tome Troisieme.

LIVRE SEPTIEME.

Les troupes Impériales partent de Corse en 1733.

Nouveau soulevement des Corses. Leurs succès. Ils veulent établir une République indépendante en 1735. Suite de cette révolte. Théodore Baron de Neuhoff arrive en Corse en 1736. & est proclamé Roi de cette isle. Loix de ce nouvel Etat. Succès de Théodore. Etablissemens qu'il forme. Efforts des Génois peu efficaces. Ils obtiennent des troupes de France contre Théodore. Elles passent en Corse en 1738.

Conduite de M. de Boissieux, Commandant des troupes Françoises en Corse. Négociations pendant l'absence de Théodore, qui étoit sorti de l'isle pour solliciter des secours. Il y revient, mais n'ose y rester. Traité conclu avec les Rébelles. La plûpart refusent de s'y soumettre.

De nouvelles troupes Françoises débarquent dans la Corse en 1739. Naufrage de deux Tartanes, & fermeté d'un Officier François qui y étoit embarqué.

LIVRE HUITIEME.

Monsieur de Maillebois commande les troupes de France qui servent dans cette isle. Il attaque les Rébelles après avoir inutilement tenté les voies de douceur. Il les bat de tous côtés, & les force de se soumettre. Le Baron de Drost, après avoir tenu long-temps dans des montagnes inaccessibles, sort de l'isle en 1740. & la Corse est pacifiée. Les troupes Françoises sortent de l'isle en 1741.

Nouveaux troubles dans la Corse en 1742. Théodore y revient en 1743. Il se retire, & son nom ne paroit plus. Négociations. Plaintes des Génois contre les Anglois. Traité de Wormes par lequel Final est cédé au Roi de Sardaigne. Représentations des Génois. La Corse est pacifiée par les sermons d'un Missionnaire en 1744.

Les Génois font des préparatifs de guerre. Ils se liguent avec la France & l'Espagne en 1745. Ils entrent en guerre avec la Reine de Hongrie, le

SOMMAIRES.

Roi de Sardaigne & l'Angleterre. Hostilités respectives. Dominique Rivarola passe en Corse, & se met à la tête des Rébelles de cette isle, qui s'étoient de nouveau soulevés. Ils sont soutenus par une flote Angloise. Leurs progrès. Retraite des troupes Françoises qui couvroient l'Etat de Gênes en 1746. Les troupes de la Reine de Hongrie marchent vers Gênes, qui se rend à discrétion. Le Roi de Sardaigne s'empare de Savone, & de plusieurs autres places de la côte occidentale de l'Etat de Gênes. Belle défense de la Citadelle de Savone, & du Château de Ventimille.

Rigueur avec laquelle les Génois sont traités. Leur désespoir. Ils se soulevent contre les Autrichiens, & les chassent de leur Ville. Siege de Gênes en 1747. Secours que les François envoient aux Génois. Levée du siege.

SOMMAIRES DU SUPPLEMENT.

ETAT des affaires des Génois après la levée du siege de leur Capitale. Le Duc de Richelieu projette d'enlever quelques postes aux ennemis. Obstacles qu'il rencontre. Manœuvre habile

SOMMAIRES.

du Comte de Carcado. Le Duc de Richelieu revient à Gênes. Avantages des François dans le Comté de Nice. Préparatifs de défense dans l'Etat de Gênes. Le poste de Varaggio est enlevé aux Piémontois, détruit, & abandonné. Mouvemens des Allemands du côté de Cento-Croci. Le Comte Nadasti forme une tentative sur Voltri. Brave résistance du Marquis Monti. Il est secouru. Le Comte Nadasti se retire sans être poursuivi. Entreprise du Duc de Richelieu sur Savone : le mauvais temps la fait échouer. Le Comte de Brown menace diverses places de la côte orientale de l'Etat de Gênes. Précautions du Duc de Richelieu pour les mettre en sûreté. Affaires de Corse. Les Rébelles sont secondés par un corps de troupes Autrichiennes & Piémontoises. Siege de la Bastie. Belle défense de Spinola. Il refuse de se rendre. Levée du siege. Préliminaires de paix. Suspension d'armes dans le Comté de Nice. Opérations du Comte de Brown. Il fait attaquer les hauteurs de Chiavari, & est repoussé. Cessation d'armes dans l'Etat de Gênes. Traité définitif de paix. Fin des hostilités en Corse.

HISTOIRE

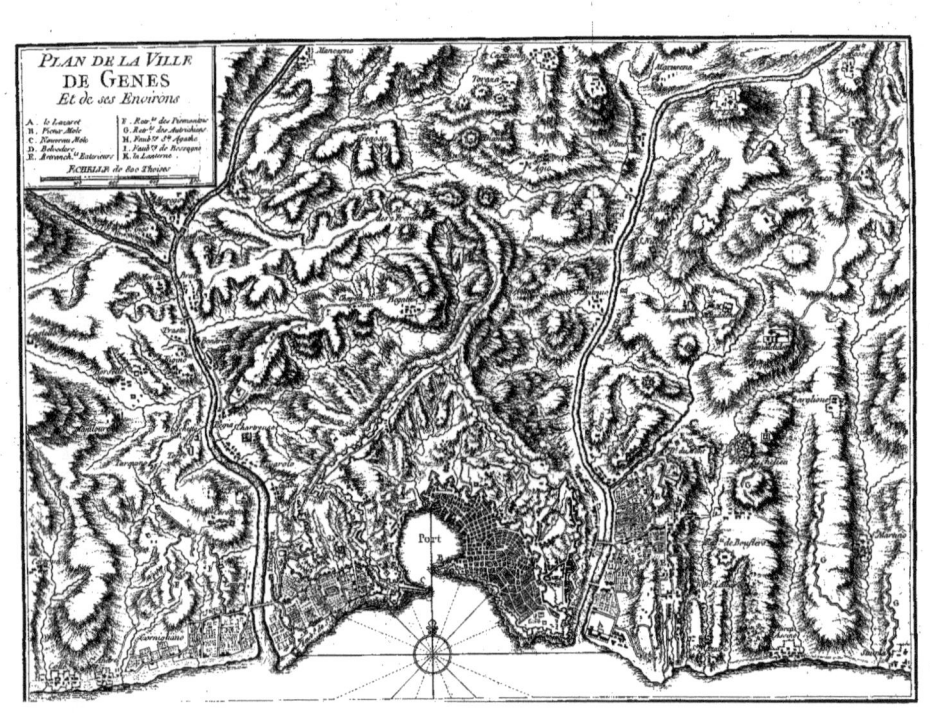

HISTOIRE
DES
REVOLUTIONS
DE GENES.

LIVRE SEPTIEME.

TOUT étoit tranquille en Corse. Les troupes Impériales désormais inutiles dans cette Isle commencerent à en sortir par petits convois. Les Insulaires murmuroient cependant de ce qu'on avoit arrêté leurs Chefs ; mais ils ne doutoient point que le Prince de Virtemberg ne les fit relâcher à son arrivée à Gênes. Il y débarqua le 18. de Juillet, & y reçut toutes sortes de marques de reconnoissance de la part de la République : mais, lorsqu'il parla de remettre en liberté les Chefs des

AN. 1732.
Les Impériaux se retirent de Corse.

Tome III. A

mécontens, il s'aperçut que les Génois avoient des desseins fort opposés. Il ne s'arrêta à Gênes que peu de jours, & partit pour Vienne. En partant il fit sentir au Sénat que l'Empereur apprendroit avec plaisir que les Chefs seroient remis en liberté, avec les avantages promis par le Traité de Corté.

<small>Les Gênois ne veulent pas remettre les Chefs en liberté.</small>

La République crut devoir présenter à l'Empereur un Mémoire à ce sujet. Elle lui en fit remettre un, qui portoit qu'elle étoit pénétrée de la plus vive reconnoissance du service important que sa Majesté Impériale lui avoit rendu, en arrêtant les suites de la Rébellion de Corse; qu'elle étoit prête à payer toutes les sommes dont elle étoit redevable pour les frais de cette expédition : mais qu'elle supplioit Sa Majesté de faire réflexion combien il seroit humiliant pour la République, que les Chefs de cette odieuse rébellion, après avoir donné récemment des preuves de leur mauvaise foi, non seulement demeurassent dans l'impunité, mais jouïssent même d'honneurs & de récompenses : que ce seroit une chose d'un funeste exemple pour l'avenir : que les Corses ne pourroient que concevoir delà un souverain mépris pour les Génois, & que du mépris ils passeroient aisément à une nouvelle révolte : qu'elle supplioit donc l'Empereur d'avoir égard dans ce qu'il exigeroit au sujet des prisonniers, aux droits & à l'honneur de la République.

Le Marquis Pallavicini, Ministre de Gênes à Vienne, ne négligea rien pour appuyer le Mémoire. Mais l'Empereur déclara expressément qu'il ne souffriroit pas qu'on donnât la moindre atteinte aux articles du Traité de Corté, conclu sous sa garantie ; que les Chefs des Corses n'avoient rien fait depuis le Traité qu'on pût regarder comme une infraction réelle ; & qu'on ne doit pas par conséquent refuser de leur tenir la condition expresse, insérée dans ce Traité, de reconnoître les efforts qu'ils avoient faits pour ramener leurs adhérens à l'obéissance.

L'Empereur insiste sur leur délivrance.

Les quatre Chefs, durant tout ce temps, n'étoient pas exempts d'inquiétudes. Ils avoient tenté plusieurs fois de s'évader, & de séduire les gens qu'on leur avoit donnés pour les servir. Le Sénat ordonna qu'on les veillât avec la plus grande exactitude, & prit tou-

Inquiétudes des Chefs: menaces des Corses.

An. 1732.

tes les précautions pour qu'ils ne puſſent échapper. D'un autre côté les Corſes commençoient à remuer de nouveau, & à s'attrouper. Le Baron de Vachtendonck, qui étoit reſté dans leur Iſle avec quelques Troupes Allemandes, & qui faiſoit faire quelques ouvrages pour mettre Corté à l'abri de ſurpriſe, fut obligé de faire ſoutenir par des détachemens ſes travailleurs que les inſulaires troubloient. Il y eût une émeute populaire à Ajaccio, * où ce Général fut obligé de ſe tranſporter. Il y reçut une Lettre conçue en ces termes.

« Le Seigneur Baron de Vachten-
« donck eſt averti, pour en informer
« quiconque à qui il appartiendroit de
« le ſavoir, que ſi dans un mois, à comp-
« ter du 26. de Juillet 1732. les Sei-
« gneurs Giafféri, Aſſelli, & Ciccaldi,
« & le R. P. Rafaëlli, injuſtement dé-
« tenus priſonniers à Gênes, ne ſont
« pas remis en pleine liberté, & dans
« la poſſeſſion de ce qui leur a été pro-
« mis par le Traité conclu avec le Sei-
« gneur prince de Virtemberg, on peut
« compter que les mêmes confédérés,

* Le 22 de Juillet.

« qui ont soutenu avec tant de zele &
« de gloire les droits de leur chere Pa-
« trie, sauront la venger des nouvelles
« contraventions de la République de
« Gênes, qui n'est pas digne d'avoir
« les Corses pour sujets. C'est de quoi le
« Seigneur Baron de Vachtendonck
« est averti par *Dom Mario* ».

Ces nouvelles chagrinoient fort les Génois. Un autre incident leur donnoit encore des motifs d'inquiétude. La Cour d'Espagne se plaignoit depuis quelque temps, qu'à l'occasion d'un logement des Troupes Impériales on avoit fait quelque insulte à un de ses Ministres; & elle demandoit une satisfaction éclatante de cette insulte. Les Génois furent aussi empressés d'apaiser l'Espagne, qu'ils l'avoient été d'apaiser la France; & cette affaire n'eut point pour eux de suites fâcheuses : mais ils avoient bien plus de peine à satisfaire l'Empereur sur ce qu'il exigeoit d'eux.

Ce Prince avoit regardé comme un point important de finir promptement les troubles de Corse; & le Traité par lequel ils avoient été terminés étoit fait sous sa garantie. Il jugeoit par conséquent qu'il étoit de son interêt & de

Mémoires publiés par les Génois.

An. 1732.

son honneur de faire exécuter ce Traité. Envain les Génois avançoient-ils, dans les Mémoires qu'ils répandoient dans le public, que les Chefs des Rébelles avoient été pris les armes à la main après le temps de l'amnistie expiré; que rien n'avoit été moins libre que leur arrivée au Camp du Prince de Virtemberg; qu'ils y furent amenés prisonniers sans qu'on se fût précédemment obligé envers eux par aucunes promesses, ni qu'on fût convenu de tenir des conférences. En supposant la vérité de ces allégations, qu'il paroît que la Cour de Vienne n'admettoit pas, il étoit constant qu'il y avoit eu un Traité conclu, garanti par l'Empereur, signé par les Plénipotentiaires de la République; & qu'il falloit par conséquent que ce Traité eût son effet. La seule raison que les Génois pouvoient apporter, pour justifier leur conduite à l'égard des Chefs des Rébelles, étoit que ces Chefs n'avoient pas rempli l'obligation qu'ils avoient contractée, de remettre, immédiatement après le Traité conclu, les Lettres concernant leurs intelligences. Mais les Chefs soutenoient qu'ils n'avoient aucune part à l'évasion de Rafaëlli, dépositaire de ces papiers; & après tout, les papiers de Rafaëlli avoient été recouvrés. Ils prétendoient donc qu'on n'avoit aucune raison de ne pas observer les clauses du Traité fait avec eux.

Les nouvelles représentations que le Sénat de Gênes fit faire à l'Empereur sur ce Traité, tant par raport aux avantages accordés aux Corses, que par rapport au sort des quatre Chefs, furent donc inutiles. L'Empereur fit même déclarer que si l'on ne donnoit incessamment la liberté aux Chefs, il sauroit prendre des mesures pour la leur procurer. D'un autre côté, le Roi de France fit dire à Doria, envoyé de Gênes à sa Cour, qu'il s'intéressoit à la liberté de ces Chefs. S il étoit dangereux de mécontenter la France, il l'étoit encore plus pour les Génois, dans les circonstances où ils se trouvoient, de se brouiller avec l'Empereur. Ils ne se rendirent cependant que pied à pied. Les quatre Chefs furent transportés le 11. d'Octobre dans la forteresse de Savonne, & consignés à l'Officier qui y commandoit, comme des personnes qui étoient sous la protection

Suites de l'affaire concernant les Chefs des Rébelles.

A iiij

AN. 1732. de l'Empereur. Ils reçurent tous les bons traitemens possibles : mais ils étoient toujours en prison.

Ils sont mis en liberté. Les Génois auroient bien voulu les y retenir le reste de leurs jours : mais de nouvelles menaces de l'Empereur firent consentir à les en laisser sortir. Le Sénat insista que ce fût au moins aux conditions qu'ils seroient bannis pour toujours des Etats de la République, & qu'une partie de leurs biens seroit confisquée. Mais il fallut se conformer au

AN. 1733. Traité ; & au mois de Mai 1733. les quatre chefs furent déclarés libres sans aucune restriction. Quant aux avantages qu'on leur avoit promis, ils ne jugerent pas à propos d'en profiter. Giafféri eut commission de Capitaine, & douze cents écus de pension, qu'il abandonna bientôt pour passer au service de Dom Carlos. L'Abbé Asselli, à qui on destinoit un Bénéfice de quinze cents livres de revenu, préféra de se retirer à Livourne. Ciccaldi passa au service d'Espagne, & Rafaëlli se réfugia à Rome, où le Pape le fit Auditeur du Tribunal de Monte-Citorio. Ce parti, que prirent les quatre Chefs des Corses, fut imité par la plûpart des autres. Il leur parut plus avantageux de sortir des terres de la République, que d'y rester malgré elle, & d'y jouïr de bienfaits forcés, qu'elle pourroit leur faire payer cher par la suite.

Sur la fin de 1732. & tandis qu'il s'agissoit encore de la liberté des Chefs, il y avoit eu quelques mouvemens en Corse. Deux mille Montagnards, sous les ordres d'un nouveau Chef nommé Jacoboue, firent quelques ravages au-delà du Golo, se plaignant hautement de ce que le Traité conclu avec les Génois ne s'exécutoit point. Jacoboue fut pris, dans la Province de Costéra, par un détachement qui le conduisit à la Bastie; & ces nouveaux troubles furent calmés. On arrêta à Gênes quelques Citoyens qu'on soupçonna d'y avoir eu part, & dont les intrigues avoient, sans doute, été découvertes par les papiers de Rafaëlli. Du nombre de ces Citoyens furent le Major Gentilé, d'une des plus illustres Familles de Gênes, & Lanfranchi, Banquier extrêmement riche.

Il ne manquoit plus que de publier le Reglement que l'Empereur, en qualité de médiateur, s'étoit chargé de

AN. 1733.

Nouveaux mouvemens en Corse, apaisés.

Reglement concernant la pacification de cette Isle.

AN. 1733. dresser, par lequel les différends des Génois & des Corses devoient être terminés pour toujours. Le Baron de Vachtendonck le publia * sitôt qu'il eut appris la liberté des Chefs. Les principaux articles qu'il contenoit étoient :

Que divers impôts seroient abolis; & qu'on n'en exigeroit aucun sous prétexte d'indemniser la République des dépenses faites à l'occasion des derniers troubles.

Que les Corses pourroient prétendre aux dignités Ecclésiastiques & Séculieres, comme les autres sujets de la République; & que la Noblesse de Corse seroit considérée par les Génois sur le même pied que la Noblesse de leurs autres Domaines.

Que les Charges des Capitaines des ports de la Bastie & d'Ajaccio seroient conférées à des Corses de nation.

Qu'il y avoit à Gênes un Orateur Corse, pour présenter au Sénat les Requêtes de ceux des insulaires qui croiroient avoir des plaintes à former.

Ce Reglement étoit accompagné d'un acte de garantie de l'Empereur,

* A la fin de Mai.

qui s'engageoit de faire jouïr les Corses de tout ce qui y étoit contenu ; &, en cas de contravention, d'obliger la République d'y apporter un prompt remède; déclarant que ni la garantie, ni le Reglement ne subsisteroient, qu'autant que les Corses garderoient à la République la fidélité qu'ils lui devoient.

Peu de jours après la publication de ce Reglement, le Baron de Vachtendonck sortit * de Corse avec ses troupes, qui furent remplacées par celles que les Génois y firent passer. Il se rendit à Gênes, où il ne fut que peu de temps, & retourna en Allemagne ; laissant la Corse dans un état de tranquillité qui sembloit devoir durer. Mais c'étoit de part & d'autre une pacification forcée ; & les esprits n'étoient rien moins que réconciliés. Les Génois voyoient avec chagrin que l'Empereur les eût obligés d'accorder à des Sujets rébelles des avantages qui leur paroissoient excessifs. Les Corses ne pouvoient oublier la mauvaise volonté que la République leur avoit témoignée, & ses refus long-temps opiniâtrés d'exécuter le Traité signé par

* Le 5 de Juin.

AN. 1733.

ses Plénipotentiaires. Les Génois étoient toujours contenus par la crainte de déplaire à l'Empereur : les Corses avoient moins de ménagemens à garder ; & leur ressentiment n'attendoit que le départ des troupes Allemandes, pour exciter des troubles nouveaux.

Nouveaux troubles.

A peine furent-elles sorties de l'Isle, qu'ils témoignerent leurs mécontentemens. Ils se plaignoient de ce que le Reglement ne statuoit pas sur tous leurs griefs ; de ce qu'on ne l'exécutoit pas dans toute son étendue ; de ce qu'on s'y servoit à leur égard d'expressions humiliantes. Le Gouverneur de la Bastie fut obligé d'envoyer des troupes dans le district d'Orezza, où les désordres recommençoient. Les Corses, de leur côté, députerent Ginestra à Gênes, pour exposer au Sénat leurs prétentions & leurs plaintes.

Embarras des Génois.

La République étoit dans d'assez grands embarras. L'Italie alloit devenir le théatre de la guerre que les Rois d'Espagne, de France, & de Sardaigne déclaroient à l'Empereur ; & ce Prince avoit trop d'occupations pour se mêler désormais des affaires de Corse. Les Génois cherchoient à demeurer neures, & dans cette vûe n'avoient rien épargné pour apaiser les moindres différends qui étoient survenus entr'eux & les Cours de France & d'Espagne. Ils en userent de même avec la Cour de Sardaigne, au sujet des difficultés qu'ils avoient avec elle par rapport aux limites respectives. Mais, malgré ces ménagemens, ils avoient peur que les Puissances qui alloient entrer en guerre ne les forçassent à prendre un parti, & ne se servissent des troubles de Corse pour les y obliger. En gardant même la plus exacte neutralité, ils ne pouvoient se flatter d'être assez heureux pour ne point faire de mécontens ; & ils avoient sujet d'appréhender que ceux à qui leur conduite auroit le malheur de déplaire ne fomentassent ou n'appuyassent une nouvelle rébellion dans la Corse, pour leur témoigner leur ressentiment. Ils n'ignoroient pas les vûes que la Cour de Sardaigne formoit dès-lors sur Final, & les propositions secretes faites à ce sujet à l'Empereur, qui les avoit jusqu'alors rejettées. Ces motifs de craintes devenoient plus inquiétans encore par les murmures & les émeutes fréquentes des habitans de Final & de San-Rémo. Les alarmes des Génois furent si vives, qu'ils crurent devoir se mettre en état de défense, & se préparer à tout évenement.

Leurs préparatifs.

Ils firent armer toutes les batteries de Gênes, & en construisirent de nouvelles ; ils ordonnerent divers travaux à la Spezza ; ils envoyerent dans toutes les principales places de leur Etat des ordres de se tenir sur ses gardes : mais la Corse attira leur principale attention, & la méritoit.

Suite des affaires de Corse.

Ginestra, député par les Insulaires mécontens, avoit été assez mal reçu du Sénat ; & peu satisfait du succès de sa députation, avoit excité, à son retour en Corse, un assez grand nombre de paysans à prendre les armes. Jerôme Pallavicini avoit été nommé Gouverneur, & étoit passé * dans cette Isle, pour y remplacer Rivarola. Ses instructions tendoient à traiter les Corses avec douceur : mais tous ses ménagemens ne pouvoient les contenir. Il étoit averti qu'on formoit des intrigues & des factions nouvelles. Il fit arrêter François Alexandrini & son

* Au mois de Juillet.

gendre, qu'on accusoit de soulever les Insulaires, puis les fit relâcher au bout de quelques jours. Ayant appris peu après que Jean-Jacques Castinetto excitoit des troubles vers Capo-Corso, il envoya un détachement pour l'enlever : mais celui-ci, qui à la premiere nouvelle s'étoit sauvé dans les montagnes, & y avoit rassemblé quelque monde, tomba sur le détachement, le battit, & le dissipa.

AN. 1733.

Dans ces circonstances la République sentit la nécessité d'augmenter le nombre des troupes qu'elle avoit en Corse, & elle y fit passer quelques renforts au mois d'Octobre : elle prit aussi toutes les mesures que la situation où elle se trouvoit lui permit, pour empêcher les Insulaires d'avoir communication avec les étrangers.

On voyoit avec inquiétude à Gênes que les Chefs de la derniere rébellion de Corse avoient trouvé de la protection auprès du Grand Duc, de Dom Carlos & du Roi d'Espagne. Rafaëlli même, ce Secrétaire des Rébelles, qui s'étoit sauvé après la signature du traité de Corté, & dont la tête avoit été mise à prix, après avoir demeuré

AN. 1733.

neuf mois en Corse, caché dans les bois, s'étoit embarqué * à bord d'une barque de pêcheur, & s'étoit réfugié à Florence, où le Grand Duc lui avoit donné asyle.

Révolte générale des Corses.

Bientôt les craintes n'eurent plus pour objet de simples soupçons, & les démarches des Corses ne furent pas long-temps équivoques. Ils se souleverent dans toute la Province de Balagna, & s'emparerent de leur ancien retranchement de Vescovato. On disoit qu'ils y avoient arboré l'étendard d'Arragon sur la principale montagne. On nommoit entre leurs nouveaux Chefs Ginestra, plusieurs personnes de la maison de Gentilé, & Dom-Pedro d'Ornano, de la famille du célebre Sampierro d'Ornano; nom adoré des Corses, & redouté des Génois. Il leur manquoit un port. Ils tenterent de se saisir de celui de San-Pellegrino; mais ils n'y réussirent pas.

Les hostilités commencerent de part & d'autre. Un détachement de cinquante soldats de la République voulut forcer un Château près de Rostino. Cinq cents Corses tomberent sur ce détache-

* Au mois de Mai.

ment,

ment, & le firent prisonnier. Le Gouverneur de la Bastie envoya trois cents hommes pour le délivrer : mais ils furent repoussés, mis en fuite, forcés de se jetter dans un Couvent, & enfin contraints de se rendre. Ces avantages enhardirent les Rébelles : ils se présenterent devant Corté, & l'assiégerent. Le Baron de Vachtendonck avoit fait faire quelques travaux pour fortifier cette place : mais ces ouvrages étoient peu de chose. L'Officier qui y commandoit fit une sortie si à propos sur les Rébelles, qu'il les mit en désordre, & les obligea de se retirer, abandonnant leurs munitions & leurs bagages. Mais ils revinrent bientôt après en plus grand nombre. Ils étoient environ sept mille, & avoient avec eux trois pieces d'Artillerie.* Il y avoit cinq cents hommes dans la place, deux cents hommes dans le Château, & six pieces de canon. C'en eût été assez pour résister aux efforts de sept mille Montagnards qui n'avoient pour toute artillerie que trois petits canons, si les défenses de Corté eussent été en état de soutenir la moindre attaque : mais il n'y avoit

AN. 1733.

AN. 1734.
Ils assiegent & prenent Corté.

* Au commencement d'Avril.

B

aucune apparence ; & le Gouverneur avoit trop peu de monde pour tenter l'évenement d'une nouvelle sortie. Sommé de se rendre, il promit de le faire s'il n'étoit secouru dans l'espace de dix jours. Le terme étant expiré, il capitula * à des conditions honorables. La garnison sortit sans armes, à la réserve du Gouverneur & de quatre autres Officiers à qui on laissa leurs épées, & se retira à San-Pellégrino, en-menant avec elle quatorze chariots couverts.

Ils sont battus, & persévèrent dans leur Révolte.

Le Gouverneur de Corté s'étoit flaté d'être secouru. Un nouveau renfort de trois mille hommes devoit incessamment passer en Corse : mais il y arriva trop tard pour délivrer Corté. Peu de jours après son débarquement, il attaqua un gros corps de Rébelles & le battit ; mais cet avantage n'eut aucunes suites considérables. Les Corses ne se laisserent pas plus intimider par les voies de rigueur, qu'ils ne s'étoient laissés gagner par celles de conciliation. Pallavicini, après avoir sans fruit tenté les uns & les autres, repassa à Gênes ; & ceux qui lui succéderent

* Le 11 d'Avril.

ne réussirent pas mieux. Les forces des Rébelles augmentoient de jour en jour: ils recevoient des secours d'armes & de munitions: ils se précautionnoient de vivres, & avoient transporté dans leurs montagnes beaucoup de grains, qu'ils avoient trouvés dans les magasins de la petite Ville de Bosaïa, dont ils s'étoient rendus maîtres. L'Evêque d'Aléria avoit essayé contr'eux les armes spirituelles, & avoit excommunié ceux qui avoient participé à l'enlevement de ces grains : mais, plus irrités qu'intimidés par cette démarche, ils détacherent trois cents hommes pour se saisir de l'Evêque, qui heureusement eut le temps de se sauver à la Bastie.

AN. 1734.

L'obstination des Rébelles accréditoit les bruits les plus fâcheux pour la République. On disoit qu'ils étoient déterminés à ne s'accommoder que sous la garantie des trois Puissances liguées contre l'Empereur. On supposoit toujours des prétentions de l'Espagne prêtes à éclore sur la Corse, & peut-être sur d'autres Domaines de l'Etat de Gênes. On parloit avec plus d'assurance encore des vûes du Roi de Sardaigne; tandis que d'un autre côté on débitoit

B ij

AN. 1734.

que les Corses étoient résolus à tout sacrifier pour former dans leur Isle un Etat indépendant. On avançoit que le plan du Gouvernement de ce nouvel Etat étoit déja dressé; que les Loix étoient rédigées, & qu'il seroit protégé par les mêmes Puissances qui jusqu'alors avoient soutenu les mécontens.

Ce qu'il y avoit de certain, c'est que la révolte étoit générale : que Giafféri, & la plûpart des autres Chefs auxquels on avoit pardonné par le traité de Corté, étoient revenus en Corse, & paroissoient à la tête des Rébelles ; qu'ils ne parloient de rien moins que d'enlever aux Génois les quatre ou cinq Places Maritimes qui leur restoient ; & que la seule chose qui pouvoit rassurer la République, c'est que les Rébelles n'avoient point l'artillerie nécessaire pour exécuter leurs projets.

Les Troupes Génoises, contraintes de se renfermer dans le peu de places fortes où elles pouvoient se défendre, y avoient transporté l'argenterie des Eglises, & les effets précieux qu'elles avoient tirés des autres Villes. Elles craignoient peu d'être forcés tant que les Rébelles manqueroient de gros canon : mais ils pouvoient en recevoir d'un instant à l'autre par les bâtimens étrangers qui de temps en temps leur apportoient les munitions dont ils avoient besoin. Giafferi, Capitaine habile, étoit comme auparavant leur Chef principal. Les Génois chercherent les moyens de l'enlever à leurs ennemis. Ils engagerent par des grosses récompenses un des Chefs des Corses de le leur livrer ; mais le complot fut découvert. Le traître fut empalé ; & l'on publia dans le Camp des Rébelles, que celui d'entr'eux qui auroit la moindre correspondance avec les Génois seroit traité avec la derniere rigueur.

An. 1734.

Enfin les Génois aperçurent toute l'étendue de ce qu'ils devoient craindre. Les Corses jusqu'alors avoient agi comme des sujets mécontens, qui ne se plaignoient que de la pesanteur du joug, & qui consentoient de s'y soumettre dès qu'on le rendroit plus léger. Mais leurs Chefs avoient porté plus loin leurs vûes, & avoient déterminé ces Insulaires à s'affranchir pour toujours de la domination Génoise, & à ériger une République indépendante. Ils publierent le 30. de Janvier 1735. le Reglement

An. 1735. Reglement des Rébelles concernant l'établissement d'une République indépendante dans la Corse.

qui contenoit cet établissement nouveau, & dont je crois devoir transcrire ici les articles.

« I. Le Royaume élit pour sa pro-
« tectrice l'Immaculée Conception de
« la Vierge Marie, dont l'Image sera
« empreinte sur les armes & les dra-
« peaux ; & l'on en célébrera la Fête
« dans tout le pays, par des saluts de
« mousqueterie & de canon, confor-
« mément à ce que la Jonte du Royau-
« me ordonnera à ce sujet.

« II. On abolit tout ce qui peut
« rester encore du Gouvernement Gé-
« nois, dont les Loix & les Statuts
« seront brûlés publiquement, dans le
« lieu où la Jonte du nouveau Gou-
« vernement établira sa résidence, &
« au jour qu'elle fixera, afin que les
« peuples puissent y assister.

« III. Tous les Notaires seront cassés;
« & rétablis en même temps par des pa-
« tentes de la nouvelle Jonte, dont
« ils reconnoîtront tenir leurs charges.

« IV. On frappera des especes de
« toutes qualités au nom des Primats
« du Royaume, qui en fixeront la
« valeur.

« V. Les Terres & Fiefs apparte-

« nants aux Génois seront confisqués,
« de même que les étangs, lesquels
« seront dévolus aux Primats, afin de
« les faire cultiver, & en affermer la
« pêche à ceux que la Jonte choisira.
  « VI. Ceux qui désobéiront à la Jon-
« te, ou à ses Officiers, ou qui refuse-
« ront d'accepter les charges & em-
« plois conférés par elle, seront décla-
« rés rebelles, & condamnés à mort,
« avec confiscation de biens; de même
« que ceux qui oseront mépriser, ou
« tourner en ridicule les titres qui se-
« ront donnés aux Primats du Royau-
« me, à la Jonte du Gouvernement, &
« à tous les Officiers & Ministres de la
« Diete de convocation.
  « VII. Quiconque osera insinuer en
« aucune façon de traiter avec les Gé-
« nois, ou détourner les peuples de s'en
« tenir aux présentes délibérations,
« sera sujet aux mêmes peines.
  « VIII. André Ciccaldi, Hyacinthe
« Paoli, & Dom Louïs Giafféri, dé-
« ja élus Généraux du Royaume, se-
« ront à l'avenir reconnus Primats du
« Royaume, avec le titre d'Altesse
« Royale, qu'on donnera aussi doré-
« navant aux Chefs & Primats, tant

« de la Diete générale, que de la Jonte.

« IX. On convoquera une Diete
« générale, laquelle sera qualifiée de
« Sérénissime. Chaque Ville & Village
« y enverra un député. Douze suffi-
« ront pour représenter tout le Royau-
« me. Ces députés auront l'autorité de
« délibérer & décider de toutes les
« affaires, taxes, & impositions, &
« auront le titre d'Excellence, tant
« dans cette Diete, que dans les lieux
« de leurs demeures; avec la supériori-
« té, & le commandement respectif à
« chacun d'eux ; subordonnés néan-
« mins aux Primats & à la Jonte.

« X. La Jonte Souveraine sera com-
« posée de six sujets, qui fixeront leur
« demeure dans le lieu qui sera déter-
« miné: ils auront le titre d'Excellence,
« & seront changés de trois en trois
« mois par la Diete générale, en cas
« qu'elle le juge à propos. La Diete
« ne pourra être convoquée que par
« l'ordre des Primats

« XI. On établira un Magistrat, ou
« Conseil de guerre, composé de qua-
« tre sujets, dont les délibérations de-
« tre onre approuvées par la Jonte.

« XII. On établira un Magistrat de
l'abondance

« l'abondance, composé pareillement
« de quatre sujets, qualifiés de très-illus-
« tres, & subordonnés à la Jonte, pour
« tout ce qui regarde la subsistance des
« peuples, & les prix des denrées.

« XIII. On créera un Magistrat
« des peres du commun, composé de
« quatre sujets, qui seront chargés de
« tout ce qui concerne les chemins,
« les Sbirres, les exécutions de justice,
« & autres personnes employées pour
« le public. Ils seront traités de très-
« illustres, & changés de trois en trois
« mois.

« XIV. On élira un autre Magistrat
« de quatre sujets, pour tout ce qui
« regarde les monnoyes. Ils auront aussi
« le titre de très-illustres.

« XV. On établira un Commissaire
« Général de Guerre, avec quatre
« Lieutenans Généraux : la Milice &
« les Officiers subalternes dépendront
« d'eux ; & ils devront exécuter les
« ordres qui leur viendront du Con-
« seil de Guerre.

« XVI. La Jonte fera un nouveau
« Code, qui sera publié dans quinze
« jours, & aux loix duquel tous les
« peuples du Royaume seront soumis.

Tome III.   C

« XVII. On élira un Controlleur
« Général, qui sera Secrétaire & Garde
« des Sceaux, tant des dits Généraux
« que de la Jonte : il sera & signera
« tous les decrets.

« XVIII. La Jonte donnera les pa-
« tentes à chaque Officier, depuis le
« Commissaire Général des Armées,
« jusqu'au dernier grade inclusivement:
« & nul ne pourra exercer sa charge
« sans ces patentes, sous peine de
« mort.

« XIX. Tout membre de la Diete
« sera obligé de nommer un Auditeur,
« qui sera tenu de se munir des patentes
« de la Jonte.

« XX. Enfin on élira un Magistrat
« de Secrétaires d'Etat, composé de
« de deux sujets, lesques seront traités
« der très-illustres, & seront chargés
« de veiller sur le repos du Royaume, &
« notamment sur les traîtres de la Pa-
« trie, ou soupçonnés tels ; avec pou-
« voir de faire leur procès secret, &
« de les condamner à mort.

« XXI. Le pouvoir de nommer des
« sujets, tant pour la Diete générale,
« que pour la Jonte, sera communiqué
« aux Généraux, qui par de justes

« empêchemens n'ont pû assister à cette
« assemblée.

« XXII. On déclare que le sieur
« Dom Charles-François Rafaëlli, à
« son retour en Corse, reprendra son
« poste de Président ; de même que le
« sieur Louïs Ciccaldini, qui à son
« retour sera aussi reconnu Lieutenant-
« Général ».

Telles furent les Loix du nouvel Etat que les Corses paroissoient résolus de former. Mais, tandis qu'ils s'occupoient de ces arrangemens, les Génois se préparoient à de nouveaux efforts, pour ne pas se laisser enlever une partie si considérable de leur Domaine. Ils levoient des troupes pour renforcer celles qui étoient dans l'Isle : mais malheureusement l'état où ils se trouvoient pour lors ne leur permettoit pas d'y faire passer les secours nécessaires. Environnés de voisins armés, exposés tous les jours à voir les troupes de France & d'Espagne débarquer dans leurs ports, traverser leurs terres ; ils ne pouvoient dégarnir leurs places, ni affoiblir leurs forces de terre-ferme.

Dans ces circonstances les Corses auroient pû pousser loin leurs avanta-

Efforts & situation des Génois.

Désunion parmi les Rébelles.

ges, s'ils étoient demeurés unis: mais la jalousie sema bientôt la mésintelligence parmi eux. Tant qu'il ne s'étoit agi que de se soulever contre les Génois, l'intérêt avoit été commun, & chacun s'y étoit porté avec une égale ardeur. Mais quand il fut question d'établir une forme de Gouvernement, & sur-tout de disposer des dignités de la nouvelle République ; on regarda ces dignités comme les récompenses des services rendus dans le soulevement ; & chacun prétendit les avoir méritées le mieux. De-là les plaintes sur les préférences, les murmures, & les divisions, qui fonderent les plus solides espérances des Génois. Ottaviano Grimaldo, nouveau Commissaire Général, qui s'étoit rendu en Corse au commencement du mois de Mai, eut ordre de profiter de cette désunion ; & il sut en tirer parti.

Les mésintelligences des Rébelles augmenterent au point que les diverses factions en vinrent aux mains ; & il y eut du monde tué de part & d'autre. Grimaldo fit publier à propos une amnistie ; & plusieurs Chefs de ces factions l'accepterent. Divers districts se soumirent à la République ; entr'autres

An 1735.

Les Génois en profitent.

celui de Tavagna, l'un des plus considérables de l'Isle. Les affaires prenoient la tournure la plus favorable aux Génois. Les intrigues des Corses, en Espagne & en France, n'avoient pas eu le succès qu'ils espéroient ; & les offres qu'ils avoient faites, pour obtenir une protection ouverte, avoient été rejettées. Une partie de l'Isle s'étoit rangée à l'obéissance ; & l'on se flattoit d'y réduire aisément le reste. Mais, pour y réussir, il falloit s'attacher par les plus grands ménagemens ceux qui venoient de se soumettre. Leur inconstance naturelle, leur haine pour les Génois, leurs défiances, le goût de l'indépendance qu'ils avoient commencé de prendre ; toutes ces dispositions exigeoient la plus grande attention dans les Officiers de la République à ne leur donner aucun prétexte de mécontentement, & à les affermir, par les meilleurs traitemens, dans un parti que la plûpart n'avoient pris que par dépit & par jalousie.

AN. 1735.

Grimaldo s'étoit conduit selon ce plan : mais Felix Pinello, qui vint prendre le maniement des affaires de Corse, suivit des voies toutes différentes. C'é-

Mauvaise conduite des Génois.

AN. 1735. toit ce même Pinello qui avoit donné la premiere occasion à la révolte en 1729. par une rigueur déplacée. On a vû que le Sénat l'en avoit puni ; & l'on avoit cru sans doute que ses fautes passées lui serviroient à se mieux conduire à l'avenir : mais il ne changea point de système. Il usa de la plus grande sévérité pour obliger le reste des Rébelles à rentrer dans le devoir, & commença par faire mettre le feu aux grains qui se trouvoient encore à la campagne sur la fin du mois d'Août. Ces procédés révolterent tous les esprits. Ceux qui avoient persisté dans la révolte en devinrent moins traitables : plusieurs de ceux qui avoient accepté l'amnistie reprirent de nouveau les armes. Ils s'emparerent du territoire & du fort de Sartémurata, où ils trouverent trois cents fusils, & beaucoup d'autres munitions de guerre : les désordres recommencerent dans toutes les parties de l'Isle, & le feu de la révolte éclata plus que jamais.

Leurs embarras chez eux. Les Génois firent passer en Corse les nouveaux renforts qu'ils avoient rassemblés avec peine ; mais toujours inquiétés par de petits soulevemens qui arrivoient de temps en temps dans divers endroits de leurs côtes, & qui, dans les circonstances critiques où ils se trouvoient, les obligeoient quelquefois de faire marcher des troupes, & les empêchoient de donner toute leur attention à la révolte des Corses. Il y avoit eu depuis peu quelques troubles à la Spezza. Il avoit fallu faire avancer quelques bataillons, pour prévenir les suites d'un différend survenu entre les habitans de Vezano & ceux d'Arcola. Ces embarras étoient favorables aux Rébelles, dont le parti grossissoit tous les jours. Ils remportoient souvent des avantages sur les détachemens Génois. Ils firent tomber dans une embuscade le fils de Pinello, à la tête de mille ou douze cents hommes, & le firent prisonnier avec environ la moitié de son détachement.

Pinello proposa un armistice de six semaines, pour faciliter l'échange des prisonniers. Les Rébelles l'accepterent, & profiterent de la trêve pour se pourvoir de nouvelles munitions de guerre, & pour faire tranquillement leurs récoltes de vins & d'huiles. On fut fort mécontent à Gênes de toute la

AN. 1730.

Armistice en Corse.

conduite de Pinello, & en particulier de l'armiſtice dont les Rébelles ſeuls tiroient avantage, & qu'il n'avoit fait conclure que pour retirer ſon fils de leurs mains. Sa dureté, qui avoit fait perdre tout le fruit qu'on avoit tiré d'abord de leur déſunion, étoit encore plus condamnable. L'on propoſa ſon rappel; & le Sénat s'aſſembla * pour en délibérer.

Pinello avoit des amis puiſſans. Les débats furent longs, & ſi vifs, que durant le conſeil on fut obligé d'ouvrir les portes de la ſalle pour faire entrer la garde. Les amis de ce Sénateur convenoient de ſa ſévérité; mais ils ſoutenoient en même temps qu'on ne pouvoit le punir pour avoir marqué de la fermeté & de la vigueur contre les ennemis de l'Etat; que, quand on auroit des ſujets réels de ſe plaindre de lui, ſa longue expérience des affaires de Corſe, & la connoiſſance qu'il avoit acquiſe du génie des peuples de cette Iſle, étoient des motifs de le conſerver dans un emploi dont ſes lumieres le rendoient plus capable que perſonne.

* Le 28 d'Octobre.

Le parti opposé à Pinello alléguoit au contraire, que ses lumieres mêmes & son expérience le rendoient plus coupable encore ; qu'il avoit agi directement contre le génie des Corses ; que sa sévérité hors de place avoit aliéné les esprits de cette nation, & mis dans le plus grand désordre les affaires de leur Isle ; que dans la crainte d'essuyer de justes reproches il avoit souvent déguisé au Sénat la véritable situation des choses ; qu'en dernier lieu il avoit sacrifié les intérêts de la République, pour procurer plus promptement la liberté de son fils ; que ce n'étoit pas seulement depuis sa nouvelle administration qu'il étoit odieux aux Corses, & qu'il suffisoit pour le rappeller qu'il en fût haï, quand il n'auroit pas mérité leur haine ; que l'on devoit s'apercevoir que la douceur seule pouvoit ramener les Rébelles ; & que jamais on ne pourroit se flatter de leur voir des dispositions amiables, tant qu'on leur laisseroit pour médiateur un homme qu'ils croyoient avoir des raisons de détester.

Après bien des contestations, ces réflexions l'emporterent. Il fut décidé

AN. 1735.

AN. 1735. que Pinello seroit rappellé ; & l'on nomma pour nouveaux Commissaires Généraux Laurent Imperialé & Paul Baptiste Rivarola, qui furent chargés d'apaiser les troubles de Corse. Ces deux Sénateurs n'étoient pas moins estimés par leur modération & leur prudence que par leur capacité. Dès que le bruit de leur nomination eut passé en Corse, plusieurs des Rébelles montrerent des dispositions pacifiques. Depuis que leurs négociations aux Cours de Versailles & de Madrid n'avoient pas réussi, leurs projets d'indépendance sembloient s'être dissipés. Ils firent des propositions d'accommodement : mais le Sénat ne les jugea pas recevables.

AN. 1736. Demandes des Corses rejettées. Ils portoient effectivent leurs prétentions trop loin. Ils demandoient que l'on établît à la Bastie un Sénat indépendant, uniquement composé de Corses, pour décider en dernier ressort de toutes les affaires civiles des insulaires; que les Provéditeurs de la République dans l'Isle ne se mêlassent que de la perception des impôts, de l'administration des revenus publics, de l'exécution des loix, de la discipline & de la subsistance des troupes que les Génois feroient passer dans la Corse; qu'enfin le nombre de ces troupes fût limité, & qu'il ne leur fût permis d'entrer que dans les places dont on conviendroit. Ces conditions ayant été rejettées bien loin, les Rébelles continuerent d'agir. Ils se fortifierent dans divers postes, & firent des courses jusques sous le canon de la Bastie.

AN. 1736.

Ce fut dans ces Circonstances que Pinello quitta l'Isle. Il s'étoit obstiné d'y demeurer pour profiter des nouvelles voies de pacification qui s'étoient ouvertes. Imperialé & Rivarola n'avoient point voulu le chagriner; & ce dernier ne s'étoit rendu en Corse qu'à condition de n'y faire aucunes fonctions jusqu'au départ de Pinello, qui abandonna enfin la partie. Rivarola commença alors à visiter les principaux postes dont les Génois étoient les maîtres, & à donner les meilleurs ordres pour arrêter les progrès de Révoltés. Ceux-ci recevoient souvent des armes & des munitions. La République envoya quelques Galeres pour intercepter ces petits convois, fit passer en Corse de l'argent, de l'artillerie, des vivres, & hâta le départ des troupes nouvelles qu'elle y destinoit.

AN. 1736.
Leurs nouvelles hostilités.

Rivarola en avoit besoin. Giafféri avoit tenté de surprendre la Bastie dont il savoit que les habitans étoient mal disposés pour la République : mais, comme ces dispositions venoient de leur haine contre Pinello, & que ce Commissaire général n'y étoit plus, Giafféri apprit qu'ils étoient déterminés à se bien défendre ; & il tourna ses efforts d'un autre côté. Ses gens s'emparerent des postes qui ouvroient la communication entre Calvi & Balagna, & d'un fort important près de San-Pellégrino, après avoir battu un détachement Génois qui les avoit d'abord repoussés. Ils prirent Sartené, où ils trouverent beaucoup de munitions de guerre; & Porto Vecchio, dont ils augmenterent les fortifications & nettoyerent le port, pour pouvoir y recevoir facilement les nouveaux secours qu'ils attendoient.

Arrivée de Théodore en Corse.

On ne tarda pas à voir de quelle nature étoient ces secours, & les nouveaux projets que les Rébelles avoient formés, sans doute depuis que leurs dernieres propositions d'accommodement avoient été réjettés à Gênes. Un

Vaisseau Anglois, parti de Tunis, arriva vers le milieu du mois de Mars au Port d'Aleria dont ils étoient les maîtres. Un étranger vêtu à la Franque étoit sur ce Vaisseau, & en débarqua avec une suite de quinze personnes. C'étoit le fameux Théodore Baron de Newhoff, dont j'aurai souvent sujet de parler par la suite. Les Chefs des Rébelles le reçurent avec de grandes marques de distinction, & le conduisirent à Campo-Loro. Le même Vaisseau mit à terre dix pieces de canon, quatre mille fusils, trois mille paires de souliers, & quelques caisses d'argent.

AN. 1736.

Théodore, reconnu par tous les Rébelles pour leur premier Chef, commença sur le champ à en faire les fonctions. Il parcourut l'Isle; puis il convoqua une assemblée générale pour régler non seulement les opérations militaires, mais la forme du Gouvernement. Il ne s'agissoit plus du projet d'établir une République. Trop d'inconvéniens, & trop peu d'avantages avoient suivi ce plan. Un Roi convenoit mieux aux Corses; & il fut décidé qu'ils éliroient Théodore. L'assemblée avoit été convoquée à Alesano; & il y fut proclamé

Il est reconnu Roi.

Roi le Dimanche 15. d'Avril 1736.

AN. 1736.
Loix fondamentales du nouveau Royaume.

On dreſſa au même temps un acte contenant les Loix fondamentales du nouveau Royaume, & les pactes & conditions que Théodore jura d'obſerver. Ces Loix contenoient dix-huit articles, que voici:

I. Le Seigneur Théodore, Baron de Newhoff, eſt déclaré Souverain & premier Roi du Royaume de Corſe, & après lui ſes deſcendans mâles ſuivant le rang d'aîneſſe; au défaut des mâles, ſes filles ſelon le même rang; pourvû que ceux ou celles qui lui ſuccéderont ſoient de la Religion Catholique Romaine, & réſident toujours dans le Royaume, comme ●i-même y devra réſider.

II. En cas que le Seigneur Théodore n'ait point de deſcendant, il pourra ſe nommer un ſucceſſeur, parent, qui ſoit Catholique Romain, & réſide dans le Royaume.

III. Si les deſcendans du dit Seigneur, ou de celui qu'il aura établi ſon ſucceſſeur, viennent à finir, le Royaume reſtera dans ſon droit de liberté; & les peuples pourront ſe choiſir telle forme de Gouvernement qu'ils jugeront à propos.

IV. Le préfent Roi & les fuccefleurs jouiront de tous les droits de la Royauté, à l'exclufion néantmoins des points & articles ci-après réfervés.

V. L'on nommera & établira une Diete compofée de vingt-quatre fujets les plus qualifiés, dont trois réfideront toujours à la Cour : & le Roi ne pourra rien réfoudre fans leur confentement, foit par rapport aux impôts & Gabelles, foit par rapport à la paix ou à la guerre.

VI. L'autorité de cette Diete confiftera à prendre, conjointement avec le Roi, des mefures fur les affaires concernant la paix ou la guerre, & les impôts & Gabelles ; à défigner les endroits du Royaume les plus convenables pour les embarquemens des marchandifes du pays, & à pouvoir s'affembler en toutes occafions, & dans tel endroit qu'elle jugera à propos.

VII. Les dignités, charges, & emplois quelconques ne feront conférés qu'aux Nationaux, à l'exclufion perpétuelle de tout étranger, quel qu'il puiffe être.

VIII. Immédiatement après l'établiffement de la conftitution du Gouvernement, on chaffera du Royaume tous les Génois; & aussitôt après la pacification du dit Royaume, il n'y restera de troupes que celles qui seront composées de Soldats Corses; à la réserve toutes fois de la garde du Roi, qui pourra se servir de Corses ou d'étrangers, à son choix.

IX. Quant à présent, & tant que durera la guerre contre les Génois, le Roi pourra faire venir & employer des troupes étrangeres, pourvû qu'elles n'excedent point le nombre de douze cents; à moins que la Diete, conjointement avec le Roi, ne juge à propos de l'augmenter.

X. Aucun Génois ne pourra s'établir ni s'arrêter dans le Royaume. Il ne sera pas même libre au Roi de le permettre.

XI. Les effets & marchandises du pays, que l'on fera sortir hors du Royaume, ne payeront aucune gabelle ni droit de sortie.

XII. Tous les biens des Génois & des Rébelles du Royaume & de la patrie, compris ceux des Grecs, seront confisqués : mais on n'assujétira point à la confiscation les biens des Nationaux qui en auroient payé quelques
rentes

rentes ou droits aux Génois.

XIII. Le tribut annuel, qui se tirera sur les Corses, ne pourra être au-dessus de trois livres, monnoie courante, pour chaque chef de famille : on abolira les demi-tailles; en sorte que les veuves ne seront sujettes ni à cet impôt, ni à celui d'aucune gabelle.

XIV. Le sel que le Roi fournira aux peuples ne pourra être payé plus haut que treize sols & demi, monnoie courante, pour chaque mesure de vingt-deux livres, poids ordinaire du pays.

XV. Les Villes & Cités du Royaume seront maintenues dans leur ancien droit au sujet de l'économat des vivres, par rapport à la quantité, la qualité, & la taxe des denrées.

XVI. L'on formera dans une Ville du Royaume une Université publique pour les études : le Roi conjointement avec la Diete pourvoira à son entretien ; & Sa Majesté sera obligée de la faire jouïr de tous les privileges dont les autres Universités publiques sont en possession.

XVII. Le Roi établira incessamment, pour l'honneur du Royaume, un ordre de Noblesse, composé des Na-

Tome III. D

tionaux les plus qualifiés.

AN. 1736.

XVIII. Tous les bois & toutes les terres labourables du Royaume continueront de demeurer aux Nationaux; en sorte que le Roi n'y ait & n'y puisse prétendre d'autre droit que celui dont jouissoit la République.

Dispositions faites par Théodore.

Après la signature de cette capitulation, & les cérémonies du couronnement, * Théodore nomma Giafféri & Paoli Généralissimes, & disposa des autres dignités de son nouveau Royaume. Il établit des Conseils, & régla tout ce qui concernoit l'administration politique; puis tournant ses principaux soins du côté de la guerre, il ordonna des levées de soldats par toute l'Isle, & leur fixa une forte paye. Les munitions ne lui manquoient pas. Deux Vaisseaux débarquerent à Porto-Vecchio, peu après son avenement au Trône, quelques mortiers, des bombes, des boulets, huit mille fusils, & d'autres provisions de guerre à proportion.

Le Chanoine Orticoné, l'un des

---

* Elles consisterent à mettre une Couronne de Laurier sur la tête de Théodore, & à l'élever en l'air sur leurs épaules, en le proclamant Roi.

principaux Rébelles, & celui qui se donnoit le plus de mouvemens pour leur procurer des appuis, avoit connu Théodore à Livourne. Ce Baron, né en Allemagne d'une Famille du Comté de la Marck, où elle subsiste, élevé en France, marié en Espagne, avoit moins de fortune que de naissance, de talens & de projets. Il avoit voyagé dans quantité de Cours; & ses dépenses jusqu'alors ne lui avoient gueres procuré que des dettes. Il s'étoit intrigué de tout son pouvoir en faveur des Chefs des Corses détenus à Savone, dans le temps qu'Orticoné travailloit à leur liberté. Le Chanoine avoit reconnu dans le Baron de Newhoff toutes les qualités & toutes les dispositions propres pour le mettre à la tête des Corses mécontens, auxquels il falloit un Chef. Le Baron avoit accepté avec joie les propositions qui lui avoient été faites : il s'étoit rendu à Tunis ; & faisant sentir au Dey les avantages que son État retireroit d'un alliance étroite & d'un commerce ouvert avec les Corses, il en avoit obtenu le secours avec lequel il avoit passé dans cette Isle; persuadé qu'il seroit encore plus for-

AN. 1736.

tement soutenu par diverses Puissances alors peu favorables aux Génois, & auprès desquelles les Corses & lui se ménageoient des protecteurs.

Écrits publiés par les Génois.

Le nombre des Rébelles augmentoit, à mesure que leurs projets prenoient de la consistance, & que leurs forces croissoient. Ils bloquerent tout à la fois San-Pellégrino, San-Fiorenzo, Algagliola & Ajaccio; tandis que Théodore, à la tête d'un Corps considérable, s'avançoit vers la Bastie. De pareils efforts méritoient toute l'attention des Génois. Le Sénat fit passer en Corse quelques troupes & beaucoup de munitions, & fit publier * au même temps un écrit par lequel il déclaroit le Baron de Neuhoff & ses adhérans *perturbateurs du repos public, coupables de haute trahison & de Leze-Majesté au premier Chef, & comme tels, dignes de toutes les punitions prescrites par les loix.* Dans ce même écrit on débitoit diverses Anecdotes sur Théodore, dans le dessein de le rendre méprisable ou odieux.

« Nous avons appris, disoit-on,
« qu'un certain personnage habillé à la

* Le 9. de Mai.

» Turque, a débarqué dans notre Royau-
» me de Corſe, du côté d'Aléria, où il
» s'étoit rendu avec quelques muni-
» tions de guerre, à bord d'un petit Bâ-
» timent commandé par le Capitaine
» Dyek, Anglois; que cet homme,
» quoiqu'inconnu, a ſû s'inſinuer au-
» près des Chefs des ſoulevés, qui y
» trouvant leurs intérêts l'ont par arti-
» fice fait agréer par les Peuples; que
» le même perſonnage leur a diſtribué
» des armes, de la poudre, & quel-
» ques petites pieces d'or; & qu'il les
» amuſe par les promeſſes d'un prompt
» & puiſſant ſecours. Comme ces cir-
» conſtances ſont contraires à la tran-
» quillité des Corſes nos ſujets, nous
» avons jugé à propos de les informer
» de la véritable qualité & condition
» de cet homme. »

AN. 1736.

Enſuite, entrant dans le détail de ſes
avantures, on s'expliquoit ainſi. » Il
» tire ſon origine d'un Canton de
» Weſtphalie, & ſe fait nommer le
» Baron Théodore de Neuhoff. Il ſe
» dit fort éclairé dans la Chymie, la Ca-
» bale, & l'Aſtrologie; & prétend a-
» voir trouvé, par le ſecours de ces ſcien-
» ces, les ſecrets les plus importans.

» Mais ce n'est en effet qu'un vagabon[d]
» & d'une fortune médiocre. En Co[rse]
» il se fait appeller Théodore : c'e[st]
» sous ce nom qu'il s'est rendu à Pa[-]
» ris vers l'année 1729. d'où il s'e[st]
» retiré ensuite, après y avoir abando[n-]
» né sa femme, Irlandoise de Natio[n]
» qu'il avoit épousée en Espagne, & l[a]
» fille qu'il avoit eu d'elle. Déguisant
» tout instant son nom & sa Nation,
» Londres il étoit Allemand; à Li[-]
» vourne Anglois, à Gênes Suédois
» tantôt prenant le nom de Baron d[e]
» Napoer, tantôt celui de Sonihmer
» ou de Nissen, quelquefois celui d[e]
» Schmitberg, comme il paroît par s[es]
» passeports, & par diverses autre[s]
» pieces.

» Sous ces différents noms, il a trou[-]
» vé le moyen de vivre aux dépen[s]
» d'autrui. Vers l'an 1727. il dissip[a]
» en Espagne l'argent qu'on lui avo[it]
» donné pour lever un Régiment A[l-]
» lemand… Il fut arrêté pour cin[q]
» cents quinze pieces de huit, qu'[il]
» avoit empruntées des Banquiers J[a-]
» bach à Livourne, & qu'il avoit pro[-]
» mis de faire rembourser à Cologn[e.]
» Il ne sortit de prison qu'au bout [de]

[...] & sur la caution du [...] Bâtiment, comme [...] de son élargisse‑ [...] le 6. de Septem‑ [...] devant le Notaire Gu‑ [...] comme il étoit malade, il [...] l'Hôpital del Bagno, pour [...]. Il passa ensuite à Tunis, [...] la Médecine; puis, étant [...] par les intrigues d'obte‑ [...] des armes & des mu‑ [...] de guerre, il les fit passer en [...] où il se transporta accompa‑ [...] d'un Médecin de Tunis, [...], de deux jeunes gens [...] fugitifs de leurs mai‑ [...], & d'un Prêtre de [...], que les Peres Mis‑ [...] de Tunis ont eu des rai‑ [...]

[...] principaux faits contenus [...] publié au nom de la Répu‑ [...] concernant Théodore. En sup‑ [...] la vérité de tous ces faits, [...] n'en étoit pas pour les Gé‑ [...] moins redoutable; [...] fournissoit pas moins aux [...] secours réels. Aussi, quel‑ [...] que les Génois affectassent pour lui, ils ne laisserent pas de se plaindre amerement à la Cour de Londres du Capitaine Anglois qui l'avoit transporté de Tunis en Corse. Le Roi d'Angleterre voulut leur donner à ce sujet toute la satisfaction qu'ils pouvoient souhaiter, & envoya dans tous ses Ports l'ordre d'arrêter ce Capitaine : mais celui-ci, en ayant été informé à Smyrne, se cassa la tête d'un coup de pistolet.

Hostilités. Cependant Théodore étoit arrivé près de la Bastie avec un corps de troupes considérable, s'étoit rendu maître de quelques Postes importans, & avoit commencé de détourner la petite Riviere qui fournit de l'eau douce à cette Capitale. Mais la garnison, qui étoit nombreuse, fit à propos une vigoureuse sortie, chassa les Rébelles des Postes dont ils s'étoient emparés, & les força de s'éloigner. On leur fit six prisonniers. Cinq furent pendus. Le sixieme étoit un Capucin, auquel on fit grace de la vie. Les Corses ne furent gueres plus heureux devant les autres Places qu'ils bloquoient. La garnison d'Algagliola fit une sortie où elle leur tua cent hommes, & en prit cent cinquante

cinquante avec une piece de Canon. Les Rebelles se bornerent donc à faire piller par des partis les environs des Places qui restoient aux Génois, & à lever des contributions dans les terres qui appartenoient aux partisans de la République.

Ces contributions servoient à soutenir les frais de la guerre. Théodore y suppléoit. Il fit battre quelques monnoies, qui portoient d'un côté une Couronne soutenue de trois Palmes, avec ces lettres au-dessous T. R. au revers le prix des Pieces, & dans l'exergue ces mots, *pro bono publico Corsico*. Un Corse déguisé en Capucin fut arrêté à Sestri-di-Levanté, où la tartane sur laquelle il étoit avoit été jettée par la tempête; & on le trouva saisi d'un lingot d'or de trente-six marcs, & de plusieurs lettres, dans lesquelles il s'agissoit d'exciter un soulevement dans la petite Isle de Caprée, voisine de celle de Corse dont elle dépend. Théodore fit aussi frapper quantité de Pieces d'argent, sur lesquelles on voyoit d'un côté les armes du Royaume de Corse, & de l'autre l'image de la S^{te}. Vierge, avec cette légende, *Monstra te esse Matrem.*

AN. 1736.

Théodore fournit aux frais de la guerre.

Tome III. E

50 HIST. DES REVOL.

AN. 1736.

Les secours secrets que Théodore recevoit fournissoient à ces dépenses. Les Génois s'efforçoient d'en tarir la source; & ils eurent beaucoup de joie lorsqu'ils furent parvenus à obtenir des Rois d'Angleterre & de France des défenses aux sujets de ces Royaumes d'aider en aucune façon les Rébelles de Corse : mais cette joie fut diminuée par les nouvelles que l'on apprit à Gênes de divers avantages remportés par les Rébelles dans la **Province de Balagna**, dans le mois de Juillet.

Les Génois repoussés à Isola-Rossa.

A la fin de ce même mois, le Colonel Marchelli, à la tête d'un détachement de neuf cents Génois, eut ordre de s'emparer du fort d'Isola-Rossa occupé par les Rébelles. Isola-Rossa est une petite Isle au Nord d'Algaïola, & qui n'est séparée de la Corse que par un bras de mer fort étroit. Le détachement Génois y passa sur des radeaux; mais il fut si bien reçu, qu'il fut contraint de se retirer avec perte de quatre cents hommes, tués, noyés, ou pris. Deux barques Génoises, qui suivoient le détachement, tomberent au pouvoir des Rébelles, qui y trouverent beaucoup de munitions de guerre &

de bouche. Le Colonel Marchelli & le Major Murati furent faits prisonniers. Après qu'ils furent relâchés, on voulut leur faire leur procès, & les rendre responsables du mauvais succès de cette entreprise : mais ils se justifièrent.

Evenemens de la guerre.

Théodore de son côté ne fut pas plus heureux à l'attaque du bourg de Calenzano, qu'il voulut forcer. Ses gens furent mis en fuite, & on en prit une bonne partie, dont quelques-uns furent pendus. Il eut sa revanche peu de temps après. La Province de Nebbio avoit quitté son parti, & avoit demandé aux Génois quelques troupes pour se défendre. Théodore entra dans cette Province, en chassa les troupes Génoises, leur fit à son tour beaucoup de prisonniers, & en fit pendre plusieurs par représailles ; faisant au-même temps déclarer à Rivarola qu'il feroit pendre dorénavant tous les prisonniers Génois, si l'on continuoit d'agir avec cruauté contre les prisonniers Corses.

Mille Génois peu auparavant s'étoient emparés du village de Furiano qu'ils avoient saccagé : mais ce n'étoit qu'après avoir été arrêtés durant six heures dans un défilé par quarante Rébelles.

An. 1736. Toutes ces petites actions n'aboutissoient qu'à désoler la Corse. Les Génois, trop foibles pour détruire le parti de Théodore, étoient assez forts pour ne pas craindre d'être chassés des Places qu'ils occupoient, tant que les Rébelles n'auroient pas des secours plus efficaces que ceux qu'ils avoient reçus jusqu'ici. Les Corses eux-mêmes le sentoient, & pressoient Théodore de hâter l'arrivée de ces secours puissans dont il les avoit flattés, & qu'il continuoit de leur faire espérer. L'on débitoit à Gênes qu'ils commençoient à se lasser de ces promesses qui ne s'exécutoient point; que plusieurs d'entre-eux songeoient à se détacher du parti de Théodore, & à former une faction particuliere; que ces divisions avoient été au point que les divers partis en étoient venus aux mains, & que les partisans même de Théodore, irrités contre lui, l'avoient enfermé dans un château.

Ces bruits prodigieusement exagérés, s'ils avoient quelque fondement réel, n'étoient que l'effet de la politique des Génois, ou de l'artifice des Rébelles. Les premiers s'efforçoient de persuader que le parti de Théodore ne pouvoit a long-temps subsister, & qu'il se détruisoit de lui-même : ils tâchoient par ces insinuations de détacher les Corses de ce parti. Les autres au contraire vouloient tromper les Génois sur le véritable état de leurs forces & de leurs affaires : ils cherchoient à les tenir dans une sécurité qui leur fît regarder comme inutiles des mesures plus vigoureuses que celles qu'ils avoient prises jusqu'alors.

AN. 1736.

Ce qu'il y a de certain, c'est que les affaires de Théodore étoient sur un bien meilleur pied qu'on ne le publioit à Gênes. Il avoit à Livourne des gens qui prenoient le titre *d'Agens de Sa Majesté le Roi de Corse Théodore premier* : ces gens recevoient souvent des vivres, des munitions de guerre, & de l'argent pour Théodore, & expédioient des passeports pour faire transporter ces effets en Corse. Il avoit armé plusieurs barques, pour donner la chasse à celles que les Génois faisoient croiser sur les côtes de cette Isle. Il étoit maître de la Corse presque entiere, excepté des principales Places maritimes. Ses détachemens s'avançoient jusqu'aux portes de ces Places, & battoient presque tou-

Etat des affaires de Théodore.

AN. 1736.

jours les détachemens qui en sortoient. Rivarola avoit été contraint de tirer une ligne depuis la Bastie jusqu'à San-Fiorenzo, pour entretenir la communication entre ces deux villes, & couvrir le petit territoire de Capo-Corso. Il avoit renforcé les postes qui sont le long de la petite riviere de San-Nicolo, qui fournit de l'eau à la Bastie, d'où sa source n'est qu'à trois milles, dans la crainte où il étoit que les Rébelles n'entreprissent de nouveau le siege de cette Place, & ne détournassent cette riviere, comme ils l'avoient déja tenté.

Arrangemens & établissemens qu'il fait.

Tandis que les Génois s'occupoient de ces précautions, qui n'annonçoient rien moins que leur supériorité, Théodore travailloit à former dans son nouvel Etat des établissemens utiles, & mettoit en œuvre tous les moyens qu'il croyoit propres à le peupler, l'illustrer, & l'enrichir. Les Corses, d'autant plus jaloux d'honneurs & de distinctions que les Génois les en avoient toujours privés, avoient exigé de Théodore, par la capitulation qu'ils lui avoient fait signer en le couronnant, qu'il établiroit parmi eux un ordre de Noblesse & de Chevalerie. Il institua cet ordre, par un édit daté de Sarténé le 16. de Septembre 1736, & lui donna le nom d'Ordre de la Délivrance. Il s'en déclara Grand Maître, & y attacha quantité de prérogatives.

AN. 1736.

Il publia vers le même temps d'autres édits pour engager les étrangers à venir s'établir dans la Corse. Il exposoit que cette Isle, qui a près de cent soixante lieues de long, & soixante & quinze de large, n'étoit qu'à demi peuplée, & n'avoit pas cent vingt mille habitans; qu'il accordoit à tous ceux qui viendroient s'y établir autant de terres qu'ils en pourroient cultiver, une entière liberté de conscience, & toutes les facilités qu'ils pourroient souhaiter pour les manufactures & le commerce. Qu'il étoit bien loin d'imiter la tyrannie des Génois, qui avoient contribué à rendre la Corse déserte, soit en fixant le prix des productions de cette Isle moitié au-dessous de leur valeur, & se les faisant livrer à ce prix; soit en défendant aux Insulaires, sous de grosses peines, de travailler aux mines de leur pays; soit en les privant des profits qu'ils pouvoient retirer du beau sel que l'Isle fournit, & des pêches

E iiij

abondantes sur leurs côtes, ou dans leurs rivieres & leurs étangs. Qu'il avoit redressé tous ces griefs; qu'il laissoit à chacun la liberté de pêcher, chasser, faire du sel, cultiver les terres; & que, loin de s'opposer aux moyens que ses nouveaux Sujets pourroient trouver pour s'enrichir, il seroit le premier à encourager & à récompenser leurs travaux & leur industrie.

Ces avantages étoient propres non seulement à attirer en Corse les étrangers, mais à faire déserter les propres troupes des Génois, qui essuyoient beaucoup d'incommodités dans les villes où elles étoient comme bloquées. Théodore enrégimenta ces déserteurs; & si l'on en croit les Mémoires qu'il fit répandre, il en forma un Corps de huit cents hommes, à qui il donna le nom de Régiment des Gardes. Il étoit encore à Sarténé lorsque le Baron de Drost, son neveu, vint le joindre. Il avoit fretté à Nice un vaisseau sur lequel il avoit apporté deux mortiers, quatre canons, & quantité de munitions de guerre & de bouche. Mais il falloit quelque chose de plus que des munitions pour achever le grand ouvrage que Théodore avoit commencé. La face des affaires changeoit en Europe. La paix se rétablissoit en Italie. Loin de pouvoir compter sur les secours qu'il avoit espérés, à peine pouvoit-il se flatter qu'on lui continuât ceux qu'on lui avoit fournis jusques-là. Le Chanoine Orticoné chargé de ses négociations, obtenoit peu de chose. Théodore se détermina à négocier lui-même, & à faire un dernier effort pour rassembler des forces capables d'assurer le succès de son entreprise.

AN. 1736.

Il déclara cette résolution dans un grand Conseil qu'il tint à Sarténé le 14. de Novembre, & y signa une ordonnance par laquelle il nommoit ceux qui devoient commander dans les diverses parties de l'Isle durant son absence. Il se disposa ensuite au départ. Tous les Chefs l'accompagnerent jusqu'à son vaisseau. Il les embrassa plusieurs fois, leur promit des les rejoindre bientôt, leur recommanda sur-tout l'union, & s'embarqua accompagné seulement de Costa son Secrétaire, & de cinq autres domestiques.

Il se détermine à aller solliciter des secours.

Les Génois ne manquerent pas d'interpréter ce départ à leur avantange; & ils publierent une espece de mani-

Bruits sur son départ.

feste, dans lequel ils avançoient que le Baron de Neuhoff ne pouvant plus soutenir sa prétendue Royauté, craignant d'être la victime du ressentiment des Corses qu'il avoit trompés, étoit parti la nuit de Sarténé, s'étoit embarqué près d'Aléria, déguisé en Abbé, sur un vaisseau Provençal qui faisoit voile pour Livourne, & n'avoit paru tranquille que lorsqu'il avoit été éloigné de l'Isle. Ils ajoûtoient qu'il auroit été pris par un bâtiment que Rivarola avoit envoyé après lui, si l'on n'eût respecté le pavillon du navire sur lequel il étoit; qu'arrivé à Livourne, il étoit débarqué chez un particulier qu'il avoit autrefois connu; que le lendemain il en étoit parti en chaise de poste avec son seul Secrétaire; que s'il alloit à Naples ce ne pouvoit être que pour demander de l'emploi au Roi des deux Siciles; & qu'il étoit si mal dans ses affaires, qu'avant que de partir de Corse il avoit vendu secretement son argenterie pour avoir de quoi faire son voyage.

Ecrits des Corses à ce sujet.

Sans doute que ces insinuations firent quelque impression sur l'esprit des Corses; car non seulement leurs Chefs dans une assemblée générale déclarerent publiquement, que quiconque d'entr'eux parleroit d'accommodement avec les Génois seroit mis à mort comme traître de la patrie : mais ils dresserent un acte daté de Corté le 1. de Décembre, dans lequel ils attestoient qu'ils continuoient de demeurer attachés à leur Roi Théodore par l'affection la plus tendre, & la fidélité la plus inviolable. Ils firent signer cet écrit par les Commandans des Villes, Bourgs, & Communautés de leur parti, & le firent publier par tout. Ils ne s'en tinrent pas à de simples protestations d'attachement pour leur nouveau Roi ; ils vinrent de nouveau bloquer Algaïola, & brûlerent quelques villages qui reconnoissoient encore la domination de la République.

AN. 1736.

Leur courage étoit relevé par l'arrivée du Chanoine Orticoné, qui avoit repassé en Corse dans les premiers jours de Décembre avec quantité de munitions de guerre. Les hostilités durerent tout le reste de l'hyver, sans avantages décisifs de part ni d'autre. Je ne fatiguerai point mes lecteurs par des détails de cette espece, où je ne suis peut-être entré que trop souvent. Les Gé-

AN. 1737.

Nouveaux efforts des Génois,

AN. 1737.

nois sentirent la nécessité d'envoyer en Corse des forces supérieures. Ils y firent passer des recrues, des vivres, des munitions de guerre, de l'argent. Ils rappellerent leurs bannis, à condition qu'ils iroient servir dans cette Isle. Ils y transporterent quelques Compagnies levées en Suisse & chez les Grisons. Ils augmenterent le nombre des bâtimens qui croisoient pour intercepter les secours que les Rébelles attendoient : enfin ils mirent à prix les têtes de Théodore, de Sebastien Costa, de Joseph Costa, & de Michel Durazzo-Fozzani, & promirent deux mille écus à quiconque tueroit, ou leur livreroit quelqu'une de ces trois personnes.

Les Rébelles ne manquent de rien. les Génois souffrent beaucoup.

Théodore échappa aux dangers où cette proclamation l'exposoit. Depuis son départ il avoit envoyé assez fréquemment aux Corses des provisions de toute espece. Les bâtimens, la plûpart Catalans, qui les leur apportoient, prenoient en échange des huiles, & d'autres productions de l'Isle. Les Rébelles avoient r'ouvert une mine de fer abandonnée, & y avoient établi deux forges : ils avoient aussi rétabli les salines d'Aléria, & mis sur pied une manufacture de cuirs. Mais, tandis qu'ils ne manquoient de rien, les Troupes Génoises bloquées dans les Villes maritimes de la Corse, obligées de tirer de Gênes tout ce dont elles pouvoient avoir besoin, manquoient souvent des choses les plus nécessaires, à cause de la difficulté des transpors. Elles n'osoient sortir même pour fourrager, & voyoient jusques sous les murs de la Bastie enlever les bestiaux, & détruire les moulins, sans pouvoir s'y opposer. Le mauvais air, les chaleurs qui survinrent, causerent des maladies qui les ruinerent insensiblement ; & les désertions acheverent de les détruire. Dans ces fâcheuses conjonctures, les espérances des Génois se releverent par une des plus favorables qu'ils pussent apprendre.

Théodore, dont on ignoroit la marche & les intrigues, après avoir passé à Turin & à Paris, s'étoit rendu en Hollande. Son entreprise l'avoit obligé de contracter des engagemens considérables; & ses créanciers le firent arrêter* à Amsterdam. Il en donna sur le champ avis aux Chefs qu'il avoit laissés en Corse, en les assurant que sa détention ne

Théodore arrêté en Hollande.

* Vers le mois de Juin.

An. 1737.

feroit pas longue. Rivarola inftruit de cette même nouvelle, & s'apercevant du mouvement qu'elle caufoit dans le camp que les Rébelles occupoient aux environs de la Baftie, fit crier du haut des remparts à leur fentinelles, que la République offroit de pardonner aux mécontens, aux conditions portées par le traité conclu à Corté par le Prince de Virtemberg. Le mouvement redoubla dans le camp, après qu'on y eut appris ces offres. Les Génois en tiroient un bon augure : mais ils furent détrompés, lorfqu'ils entendirent les cris redoublés de *vive Théodore*. Les Rébelles ne s'en tinrent pas là : ils fortirent de leur camp, tomberent avec impétuofité fur un des poftes avancés des Génois, y firent quelques prifonniers, & ne fe retirerent qu'après avoir effuyé durant trois heures le feu continuel de l'artillerie de la place.

Il eft élargi. Sa réponfe aux écrits des Génois.

La détention de Théodore n'eut point d'autres fuites. Il trouva des reffources, fatisfit fes créanciers, & fut élargi. Ce fut durant fon féjour en Hollande qu'il fit répandre un Manifefte, en réponfe à celui que les Génois avoient publié le 9. de Mai de l'année précé-

DE GENES. LIV. VII. 63

AN. 1737.

...ente. Il y déclaroit qu'il regardoit les invectives que cet écrit contenoit comme d'impuissantes clameurs. Il répondoit au reproche qu'on lui faisoit de la modicité de sa fortune, qu'elle ne l'avoit pas empêché de racheter la liberté des Corses, & d'enlever aux Génois une Couronne qu'ils ne tenoient, disoit-il, que de la pure grace des Corses, & aux dépens du Saint Siege. Il ajoûtoit que les Génois avoient réduit les Corses au désespoir ; qu'ils avoient violé en dernier lieu le Traité conclu par la médiation de l'Empereur ; & que, quand les Corses auroient été leurs sujets légitimes, il étoit permis de manquer de foi à ceux qui en manquent. Il faisoit sentir qu'il ne pouvoit être à juste titre regardé comme perturbateur de la Corse ; puisqu'il n'étoit venu au secours des peuples de cette Isle que long-temps après que l'oppression des Génois les avoit forcés de se soulever. Il finissoit, en déclarant, en vertu du pouvoir que les Corses lui avoient donné, les Génois bannis de la Corse, & débiteurs au trésor de ce Royaume, tant pour les impositions dont ils avoient injustement joui, que pour les vexations de toute

64 HIST. DES RÉVOL.

AN. 1737. espece qu'ils y avoient exercées.

Luc d'Ornano envoya à Rivarola plusieurs exemplaires de ce manifeste, avec une lettre par laquelle il se plaignoit de l'inhumanité avec laquelle un détachement de la garnison de la Battie avoit massacré quelques enfans & quelques femmes qui travailloient aux nouvelles salines ; & déclaroit que les Corses traiteroient désormais les Génois avec la même rigueur dont ils usoient envers eux. Les ravages continuerent de la part des Rébelles. Les détachemens des garnisons Génoises sortoient rarement, & presque toujours sans succès. Ils réussirent cependant à s'emparer d'Isola-Rossa, & de la Tour de Fazzana, près d'Ajaccio. Ce dernier poste couvroit une assez grande étendue de terrain cultivé.

La République obtient des secours de France.

Mais les Génois sentoient bien que dans l'état où étoient les choses il ne leur seroit pas aisé de soumettre la Corse avec leurs seules forces. La paix conclue entre l'Empereur & les Puissances alliées qui lui faisoient la guerre donnoit lieu à la République d'obtenir des secours étrangers. Si elle ne pouvoit se flatter d'en recevoir de l'Empereur,

pereur, qui entroit en guerre avec les Turcs, elle espéroit ceux du Roi de France, qui les lui promit effectivement, après plusieurs mois de négociation. En conséquence, vers la fin d'Octobre, un Commissaire de cette Couronne se rendit en Corse pour régler tout ce qui concernoit les quartiers des troupes Françoises qui devoient y passer peu de temps après.

L'attente où l'on étoit de voir arriver ces troupes de jour en jour donna lieu à une méprise de Rivalora. Il aperçut le 11. de Décembre à la pointe du jour, à une demi lieue de la Bastie, deux tartanes & six felouques portant pavillon François. Il ne douta point que ce ne fût une partie du secours de France, & se hâta d'envoyer au devant deux grosses chaloupes. Mais c'étoit un convoi pour les Rébelles, qui, après avoir enlevé les deux chaloupes, alla débarquer dans leur camp près de la Bastie, cent quatre-vingts soldats, & des munitions en grand nombre. Beaucoup d'autres bâtimens, sous divers pavillons, ou sans pavillon, leur apporterent encore des munitions de guerre, des armes, & une centaine

Méprise à cette occasion.

AN. 1737.

Nouvel acte de fidélité pour Théodore signé par les Rébelles.

de soldats. Mais ces secours devenoient peu formidables aux Génois, depuis qu'ils étoient sûrs d'être soutenus par la France.

On débitoit déja que les Corses n'attendoient que l'arrivée des troupes de cette Couronne pour s'accommoder avec la République. Théodore, qui malgré ce contretemps ne perdoit point ses desseins de vûe, écrivit à ses nouveaux sujets, pour savoir jusqu'à quel point il pouvoit compter sur eux. Les Chefs convoquerent une grande assemblée à Corté, où, loin d'y paroître dans les dispositions que les Génois leur supposoient, ils signerent le 27. de Décembre un acte par lequel ils renouvelloient leur serment de fidélité & d'obéissance à Théodore, & déclaroient jurer de nouveau sur le Saint Evangile, qu'ils étoient résolus *de ne jamais reconnoître d'autre Souverain que lui, & ses légitimes descendans.* Ils lui envoyerent l'original de cet acte, & en firent distribuer des copies.

Rivarola fut rappellé dans ce même temps, & le Marquis de Mari fut nommé Commissaire Général en sa place. Les Rébelles cependant continuoient les hostilités. Ils s'emparerent de nouveau d'Isola-Rossa. La défense fut vigoureuse. Il n'y avoit que cinquante soldats dans le petit fort situé dans cette Isle. Ils résisterent jusqu'à l'extrémité, & ne se rendirent prisonniers de guerre qu'après avoir tué plus de soixante dix hommes aux assaillans. Le Lieutenant de cette brave garnison fut reconnu pour Corse, & fut empalé. Les autres furent bien traités.

AN. 1737.

Enfin six bataillons François s'étant embarqués à Antibes débarquerent le soir du 5. de Février 1738. tant à la Bastie, qu'à San-Fiorenzo. Ces troupes étoient sous les ordres de Mr. le Comte de Boissieux, Maréchal de Camp, & avoient avec elles trois Ingénieurs, une Compagnie du Régiment Royal d'Artillerie, douze pieces de canon, & quatre pierriers. Elles avoient été escortées par une frégate & une felouque armée en guerre, qui croiserent durant quelques mois sur les côtes de Corse.

Arrivée des troupes Françoises en Corse.

AN. 1738.

Avec ce secours le nouveau Commissaire Général avoit lieu de se flatter de réduire les Rébelles. Mais ceux-ci paroissoient demeurer fermes dans le

Motifs qui retiennent les Corses dans le parti de Théodore

F ij

AN. 1738.

parti qu'ils avoient pris. Ils ne pouvoient espérer de jouïr sous la domination Génoise des mêmes avantages dont ils jouissoient sous leur nouveau Roi. On avoit rétabli les salines, & les mines: la pêche étoit libre, même celle du corail: les biens ecclésiastiques avoient été, pour la plûpart, ou rendus aux familles Corses, qui par des libéralités outrées les avoient jadis aliénés en faveur des Eglises, ou avoient été employés à fonder des hôpitaux & des écoles. On en avoit usé de même par rapport aux terres possédées en Corse par les Génois, & qu'on avoit confisquées. On faisoit monter le revenu de ces terres à plus de deux millions. Il falloit renoncer à tous ces arrangemens, en rentrant sous l'obéïssance des Génois. Et quand même on pourroit parvenir à traiter avec la République à des conditions avantageuses, on avoit lieu de craindre que le nouveau traité ne fût pas plus solide que celui qui avoit été conclu par la médiation de l'Empereur, & dont l'infraction étoit le prétexte de la nouvelle rébellion.

Ces réflexions furent sans doute les motifs qui empêcherent que les Corses l'acceptassent les propositions qui leur urent faites à diverses reprises au nom des Génois; qui soutinrent encore assez long-temps le parti de Théodore; & qui, lorsqu'il fut éteint, servirent à exciter des révoltes nouvelles.

An. 1738.

La conduite de Mr. de Boissieux fut la même qu'avoit été celle des Généraux Allemands, quelques années auparavant. Il se présenta comme médiateur, & engagea les Corses d'envoyer à la Bastie leurs Députés pour traiter de conciliation. Les Corses de leur côté agirent avec les François comme ils avoient fait avec les Impériaux : ils leur témoignerent beaucoup d'égards ; & ayant appris que les Troupes Françoises manquoient de vivres, ils offrirent de leur en fournir pour un prix modique. Les François répondirent à ces procédés d'une façon propre à gagner la confiance des Corses. Mr. de Boissieux, pressé par Mr. Mari de profiter de quelques circonstances favorables pour attaquer les mécontens, refusa de le faire avant que d'avoir entendu leurs raisons, comme il le leur avoit promis. Les Députés des Corses se rendirent à la Bastie le 28. de Mars;

Conduite de M. de Boissieux,

An. 1738.

Ses négociations avec les Corses.

& les premieres négociations firent luire l'espoir d'un accommodement facile & prochain.

Si les Corses traitoient les François en médiateurs, ils traitoient toujours les Génois en ennemis. Les hostilités respectives continuerent jusqu'à la fin des conférences, qui durerent plusieurs mois. Les Députés des Corses étoient le Chanoine Orticoné, qu'on a déja vû chargé de plusieurs de leurs négociations, Pierre Giafféri, frere du fameux Louïs Giafféri, & Thomasini, Colonel Corse. Mr. de Boissieux avoit disposé des détachemens de Troupes Françoises, pour empêcher que ces Députés ne fussent insultés par les Génois en arrivant à la Bastie. Dès le lendemain de leur arrivée, ils se rendirent chez Mr. de Boissieux, qu'ils trouverent accompagné de Mr. Mari, & des principaux Officiers François. Cette premiere conférence fut suivie de plusieurs autres; & il fut arrêté que les Corses accepteroient la médiation du Roi de France, & donneroient pour garantie de leur acceptation six ôtages, qui seroient transportés à Toulon, avec promesse de ne point livrer ces ôtages aux Génois. Les Députés partirent le 18. d'Avril pour faire ratifier ces conventions. Ils revinrent le 7. de Mai avec les ratifications des Provinces de Balagna & de Nebbio. Les ôtages se rendirent à la Bastie, d'où ils furent transportés à Toulon, comme on en étoit convenu ; & les hostilités des Corses contre les Génois furent suspendues.

Tout annonçoit une prochaine pacification, & dans ces circonstances il étoit à propos d'éloigner de la Corse le Baron de Drost, qui ne pouvoit que traverser les projets de paix. Mr. de Boissieux lui fit offrir un bâtiment François pour le transporter où il voudroit. Le Baron n'en profita pas ; cependant il sortit peu après de l'Isle. Mais Théodore y reparut bientôt. Il étoit trop de son intérêt de s'y montrer, pour qu'il ne se hâtât pas d'y revenir. Après un long & pénible voyage de quatre mois & cinq jours, il arriva avec trois vaisseaux dans le port de Sorracco, à quelques milles de Porto-Vecchio, le 13. de Septembre, à huit heures du soir.

Il écrivit sur le champ aux principaux partisans qu'il avoit dans ce canton. Il leur faisoit le détail des muni-

An. 1738.

Théodore reparoît dans l'Isle.

Ses tentatives.

AN. 1738. tions qu'il apportoit : il parloit de trois autres vaisseaux qui devoient bientôt le joindre, & que la tempête avoit écartés : il assuroit qu'il étoit prêt de se mettre à la tête de ses sujets, s'ils lui demeuroient fideles : il marquoit en particulier au Curé de Porto-Vecchio, qu'il se présenteroit bientôt aux portes de cette ville, & qu'il comptoit que les habitans ne s'exposeroient pas aux suites dangereuses de la résistance. Mais ses tentatives eurent peu de succès. Plusieurs de ses adhérans vinrent le saluer à son bord ; & il leur donna quelques armes. Divers Chefs se rendirent à Sorracco avec quelque suite. Il descendit, conféra quelque temps avec eux, fit débarquer des fusils, de la poudre, du fer, du sel, qu'il distribua aux gens qu'ils avoient amenés. Il donna des ordres pour qu'on attaquât Porto-Vecchio : mais on avoit renforcé la garnison de cette place & des postes voisins ; & malgré les réjouissances publiques qu'il sçut qu'on avoit faites dans quelques districts à l'occasion de son retour, il sentit bien qu'il étoit trop foible pour pouvoir rien entreprendre avec espoir de réussir. Il partit donc de Sorracco, après

après y avoir demeuré dix jours, & fit voile autour de l'Isle, dans l'espérance qu'on lui feroit dans quelqu'autre endroit des signaux pour l'engager à descendre; mais n'en ayant aperçu nulle part, il disparut avec ses trois vaisseaux le 12. d'Octobre, après avoir eu soin de faire répandre dans l'Isle une lettre par laquelle il marquoit que son dessein, en s'éloignant, n'étoit point d'abandonner ses sujets; qu'il étoit forcé de céder aux temps; mais qu'il comptoit toujours sur l'attachement de ses fideles Corses: que de leur côté ils pourroient compter sur toute sa tendresse; & que son éloignement ne serviroit qu'à rendre plus fréquens les secours qu'il leur avoit promis, & qui étoient devenus plus que jamais nécessaires.

An. 1738.
Il se retire.

Ses trois vaisseaux étoient Hollandois. Ils le conduisirent à Naples. Il y débarqua, & se retira chez le Consul de Hollande avec ses deux neveux. Mais la nuit de 2. au 3. de Décembre un détachement de grénadiers se rendit chez le Consul, arrêta Théodore & ses neveux, & se saisit de leurs papiers. Théodore fut conduit en chaise à porteurs à Chiaïa, d'où il fut transporté à

Il est arrêté puis élargi.

Tome III.   G

Gaëtte sur une galiotte. Dès qu'il y fut arrivé, on le conduisit à la Citadelle, où on lui avoit préparé un appartement ; & on y laissa un Officier chargé de le garder à vûe. Il fut cependant traité avec beaucoup d'égards : il reçut les visites du Gouverneur & des principales personnes de la ville ; & on lui rendit tous ses effets. La nouvelle de Théodore arrêté occasionna de grandes réjouissances à Gênes : mais l'on y fut aussi surpris que fâché d'apprendre peu de jours après, qu'il avoit été remis en liberté, & qu'on l'avoit conduit sous une escorte de cavalerie jusqu'aux frontieres de l'Etat Ecclésiastique. Il se hâta d'envoyer une felouque annoncer aux Corses cet évenement, pour rassurer ceux de son parti que sa détention pouvoit avoir alarmés.

Mr. de Boissieux avoit appréhendé les suites du retour de Théodore en Corse, & n'avoit rien négligé pour les prévenir. Il avoit fait publier dans l'Isle un ordre de se saisir de ce Baron & de ses adhérans, sous peine de l'indignation du Roi de France. Il avoit ordonné à deux frégates Françoises, soutenues de trois galeres Génoises, d'arrêter les vaisseaux de Théodore, ou de les couler à fond: mais elles n'avoient pû les joindre. Dans le même temps on fit signer aux ôtages qui étoient à Toulon, tant en leur nom, qu'au nom de leur nation, un désaveu de la démarche que quelques mécontens avoient faite en faveur de Théodore, & une promesse de n'entretenir aucune liaison avec lui, ni avec ceux de son parti.

AN. 1738.

Sur ces entrefaites on avoit travaillé à la Cour de France au projet de pacification de la Corse, en conséquence de la médiation acceptée par les insulaires. M. de Boissieux ayant reçu ce projet, le remit cacheté aux Députés, exigeant d'eux qu'avant que de l'ouvrir ils promissent de l'exécuter: mais ils ne voulurent pas se soumettre à cette condition. Peu de jours après le Reglement fut publié, avec ordre aux Corses de s'y conformer dans quinze jours pour tout délai.

Projet de pacification envoyé par la Cour de France.

Par ce Reglement on accordoit un pardon général à tous les Corses Rébelles qui se soumettroient à la République, & on les rétablissoit dans leurs biens & leurs dignités: on leur remettoit tout ce qu'ils pouvoient devoir

G ij

AN. 1738.

pour les taxes & impôts, jusqu'au premier d'Octobre 1738: on obligeoit tous les insulaires d'apporter leurs armes, & on leur défendoit d'en avoir chez eux désormais, sous peine de la vie. On redressoit aussi les divers griefs que les Corses avoient allégués. Il y étoit porté que les Criminels Corses ne seroient plus jugés en dernier ressort par le Commissaire Général de la République, qui seroit obligé d'envoyer leurs procès à Gênes, après les avoir instruits; que dans les affaires civiles les Juges inférieurs seroient Corses, & pourroient juger en dernier ressort jusqu'à cinq cents livres, au lieu qu'auparavant il y avoit lieu à l'appel au-dessus de vingt-cinq; que le Tribunal Supérieur seroit composé de trois Auditeurs, qui ne seroient ni Corses ni Génois; qu'on érigeroit des Colléges en Corse pour l'instruction de la jeunesse; que les Ecclésiastiques Corses pourroient prétendre, comme les Génois, aux dignités ecclésiastiques de la République; que les meurtres commis en Corse seroient tous punis de mort, & que la République n'accorderoit aux meurtriers ni grace ni asyle; que pendant cinq ans quatre familles Corses AN. 1733. seroient annoblies chaque année, & que ces vingt familles jouïroient des prérogatives attachées à la Noblesse Génoise ; qu'enfin l'exécution de ce Traité seroit garantie par le Roi de France & par l'Empereur. Cet Acte étoit signé au nom de ces deux Princes.

Il sembloit que les Corses dussent être satisfaits de ce Reglement. Il leur accordoit tout ce qu'ils paroissoient pouvoir légitimement prétendre. La garantie de la France & de l'Empire devoit les assurer de l'exécution entiere de tous ses articles. Le Chanoine Orticoné ne balança pas de l'accepter au nom de la Province de Balagna, & quelques autres districts s'y soumirent sans répugnance. Mais la plus grande partie de la Corse, & les Montagnards surtout désavouerent cette acceptation. Ils témoignerent que la domination Génoise leur étoit insupportable; que si le Roi de France vouloit les recevoir sous la sienne, ils étoient prêts de consigner toutes leurs armes ; mais qu'ils étoient résolus de ne les livrer jamais aux Génois.

La plûpart des Corses refusent de l'accepter.

On commença dès-lors à craindre

G iij

AN. 1738.

que les voies de douceur ne fussent pas suffisantes pour rétablir la paix en Corse, & l'on prépara en France un nouveau renfort, pour être en état de contraindre les Rébelles par la voie des armes de se soumettre au Reglement, s'ils s'obstinoient à refuser de le faire. Mr. de Boissieux commença à le faire exécuter dans les districts qui l'avoient accepté. Après avoir congédié les Députés, il fit avancer le 7. de Décembre un détachement de quatre cents hommes, qui s'établit dans différens postes à quatre lieues de la Bastie, tant pour favoriser l'exécution du désarmement, que pour mettre à couvert du ressentiment des Montagnards les districts qui consentoient à livrer leurs armes ; & les hostilités ne tarderent pas à commencer.

Hostilités entre les François & les Corses.

Les mécontens attaquerent le 12. de Décembre un des postes occupés par les François : mais ils furent repoussés. Mr. de Boissieux marcha le lendemain avec quatorze cents hommes dans le dessein de retirer son détachement ; ce qu'il exécuta le jour suivant, sans que les mécontens entreprissent de le charger dans sa retraite. Ils se contenterent de lui tirer grand nombre de coups de fusil, qui ne lui tuerent que huit hommes.

Il ne s'agissoit plus de conciliation avec les mécontens qui avoient refusé d'accepter le nouveau Reglement. Ils avoient tenu une assemblée où le parti de Théodore avoit absolument prévalu. Non seulement ils avoient unanimement résolu de rejetter le Reglement proposé par la France; ils avoient de plus dressé une sorte de manifeste qu'ils publierent, & dans lequel ils exposoient que la félicité du Royaume de Corse demandoit qu'il se choisît un Souverain, qui ne possédant point d'autres Etats pût mettre toute son attention à le gouverner; que tel étoit Théodore qu'ils avoient élu; que lui & ses descendans, bornés à la possession de ce Royaume, le gouverneroient par eux-mêmes, ouvriroient ses ports à toutes les nations, y entretiendroient la paix & l'abondance: Que c'étoit là le maître qu'il leur falloit, & non des Souverains qui les laisseroient à la merci de leurs Ministres, & qui, sujets à des guerres par rapport à leurs autres Etats, orceroient à tout instant les Corses d'en partager

AN. 1738.

Les Rébelles se déclarent de nouveau pour Théodore.

AN. 1739. sans intérêt les dépenses & les dangers.

Ils tinrent encore une autre assemblée dans le mois de Janvier de l'année suivante. Ils y renouvellerent leurs protestations de fidélité pour Théodore, & s'expliquerent en sa faveur dans des termes plus forts encore qu'ils n'avoient fait jusqu'alors. Ils firent un Acte par lequel ils déclaroient que leurs députés & leurs ôtages avoient abusé de leurs pouvoirs; qu'ils aimeroient mieux se donner aux Turcs que de se donner aux Génois; & qu'ils reconnoissoient de nouveau pour Roi des Corses, au nom de toute la nation, Théodore Baron de Newhof. Cet Acte fut publié, signé d'Hyacinthe Paoli & de Louïs Giafféri, & daté de la grande place de Tavagna le 16. de Janvier 1739.

Les mécontens avoient fait les plus séveres défenses à ceux de leur parti d'entretenir, sous quelque prétexte que ce fût, aucun commerce avec les Génois & les partisans de la République; & l'on ignoroit absolument à la Bastie ce qui se passoit parmi eux. Ils avoient au contraire l'avantage d'être instruits de tout ce qui se passoit dans cette Place par les intelligences qu'il y avoient pratiquées. Dans l'inquiétude que ces conjonctures causoient à Mr. de Boissieux, il fit arrêter toutes les personnes suspectes, & fit désarmer les habitans de la Bastie: du reste, il se borna à se tenir sur ses gardes, jusqu'à l'arrivée des renforts qu'il attendoit de France de jour en jour.

Un convoi, escorté par une frégate & deux barques armées en guerre, avoit paru le 8. de Janvier, faisant route vers San-Fiorenzo. Mais ce jour même il essuya une tempête affreuse qui le dispersa. Tous les bâtimens de ce convoi eurent cependant le bonheur d'arriver sans accident dans différents ports de l'Isle, avec quatre bataillons François qu'ils portoient. Il n'y eut que deux tartanes qui eurent le malheur d'échouer * sur la côte de la Balagna, à la gauche de l'embouchure de la riviere d'Ostrigoné. Mr. de Beuvrigny, Capitaine, qui commandoit six compagnies du Régiment de Cambrésis embarquées sur ces tartanes, sauva ces troupes par sa présence d'esprit & sa

Renforts arrivés de France.

* Le 8 de Janvier.

AN. 1739. fermeté : mais il ne put les empêcher de tomber entre les mains des mécontens.

Naufrage de deux Tartanes. Six Compag. de Cambréſis ſauvées par un Capitaine.

Je ne puis me réſoudre à paſſer légerement ſur la conduite admirable de ce brave Officier. Tout lecteur ſenſible aux belles actions me ſaura gré ſans doute de cette digreſſion, qui d'ailleurs n'eſt point étrangere à mon ſujet. Il étoit dix heures du ſoir lorſque la tartane ſur laquelle étoit Mr. de Beuvrigny donna ſur des roches avec un fracas épouvantable. Il empêcha d'abord ſes gens de ſe jetter à l'eau où ils auroient infailliblement péri. La tartane ayant enfin échoué à cent pas de la côte, il força les matelots le piſtolet à la main de mettre leur chaloupe à la mer, & ne ſe ſauva que le dernier, après avoir fait embarquer ſucceſſivement tous les matelots & les ſoldats ; ce qui dura près de deux heures.

A peine fut-il à terre avec les trois compagnies qu'il avoit tirées de ſa tartane, qu'on lui vint dire qu'il devoit penſer à ſe ſauver, & que, s'il attendoit le jour, il couroit riſque d'être attaqué par les Corſes. Mais il ne vouloit pas bandonner trois autres compagnies, embarquées sur une autre tartane, qui toit échouée à peu de distance sur un anc de sable. La chaloupe de cette tartane avoit péri en voulant transporter à terre quelques Officiers & quelques Soldats, dont Mr. de Beuvrigny reconnut les corps sur le rivage. Il résolut de secourir ceux qui étoient restés dans le bâtiment, & fit entrer es gens dans quelques cabanes pour rechauffer & se reposer durant le este de la nuit. A la pointe du jour il nvoya sa chaloupe débarquer ses camarades. Ils apporterent avec eux environ cent soixante coups à tirer,, & soixante fusils, mais dont trente étoient ans platine, parcequ'on les avoit demontés, de peur d'accident, dans la tartane.

Mr. de Beuvrigny ayant fait la revue de sa troupe, qui ne montoit qu'à cent quarante hommes, fit mettre au milieu les soldats sans armes ; sur les ailes les soldats avec des fusils sans platines, mais armés de leurs bayonettes : à la tête & à la queue ceux qui avoient des fusils avec leurs platines.

An. 1739.

AN. 1739. Après ces dispositions il se mit e[n] marche pour gagner San-Fiorenzo dont il étoit à cinq lieues. Il eut bientô[t] les Corses sur les bras. Avertis d[u] naufrage arrivé sur leurs côtes, ils s[e] rassemblerent de toutes parts. Mr. d[e] Beuvrigny passa en bon ordre, en leu[r] présence, la riviere d'Ostriconé ayant l'eau jusqu'à la ceinture. Il co[n]tinua sa route par une montagne, ma[l]gré les coups de fusils qu'ils lui tiroien[t] & ausquels il répondoit de temps e[n] temps. Il tua quelques Corses, & e[ut] quelques soldats blessés.

Malgré l'attention qu'il avoit de mé[]nager ses munitions, elles furent bien[]tôt épuisées. Il n'avoit plus dans tou[te] sa troupe que cinq coups à tirer, & [il] avoit encore trois lieues à faire ava[nt] que d'arriver à San-Fiorenzo, lorsqu[e] parut un gros corps de Corses à pie[d] & à cheval, qui se disposoit à l'envelo[p]per. La nuit approchoit, ses gens étoie[nt] accablés de fatigues, sans guide, ave[c] cent quarante hommes sans poud[re] ni plomb; il n'y avoit pas d'autr[e] parti à prendre que de se rendre. M[r.] de Beuvrigny ne s'y détermina qu'av[ec] peine : il envoya son Sous-Lieutenant dire aux Chefs des Corses qu'il ne venoit pas comme ennemi, mais comme ami ; que les troupes qu'il conduisoit étoient des troupes Françoises qui avoient fait naufrage sur la côte ; qu'elles ne demandoient que des vivres en payant, & un guide pour les conduire à San-Fiorenzo.

An. 1739.

Mais les Corses exigerent que ces troupes livrassent leurs armes & se rendissent prisonnieres. Ils promirent seulement qu'on laisseroit aux Officiers leurs épées, & qu'on ne dépouilleroit point les soldats ; conditions qu'on n'exécuta point. A peine furent-ils désarmés qu'on leur prit tout ce qu'ils avoient. On les mit absolument nuds ; & Mr. de Beuvrigny lui-même fut contraint de se laisser dépouiller. On lui donna seulement, par grace spéciale, une mauvaise culote de soldat. En cet état, on lui fit faire, & à sa troupe, plus d'une lieue de chemin, dans les rochers & dans les montagnes ; & ils arriverent enfin au village de Palasca, où on logea les soldats dans des maisons abandonnées, & les Officiers chez

Elles tombent entre les mains des Rébelles.

un des habitans. Mais l'un des principaux chefs des mécontens vint voir le lendemain Mr. de Beuvrigny, lui fit donner des habits, & lui promit qu'on travailleroit incessamment à sa liberté.

Un sergent & un soldat avoient trouvé moyen de se sauver, & avoient annoncé à San-Fiorenzo ce qui étoit arrivé au six compagnies de Cambrésis. Elles furent réclamées & délivrées peu de jours après ; & Mr. de Beuvrigny reçut les éloges que méritoient sa présence d'esprit dans le danger, son zele pour sauver ses soldats aux risques de sa propre vie, & la grandeur d'ame avec laquelle il avoit soutenu les mauvais traitemens qu'il avoit eu le malheur d'essuyer. On fit des plaintes aux Chefs de la province de Balagna sur ces mauvais traitemens. Ils s'excuserent en disant que les paysans avoient pris les François pour des troupes Génoises ; mais que, sitôt qu'on les avoit reconnus on les avoit remis en liberté. Il fallut bien se contenter de cette excuse ; & cet évenement prouva que les dispositions des habitans de cette province n'étoient pas plus favorables aux Génois, que

An. 1739.

On les remet en liberté.

elles des mécontens des Montagnes. Partout on se disposoit sérieusement à la guerre. Les Corses faisoient des coupures le long des chemins qui conduisoient à leurs retraites, élevoient des tranchemens, bâtissoient des forts, construisoient des redoutes. Les François de leur côté prenoient des mesures contre les entreprises que les mécontens pourroient former. Ils postèrent six cents hommes à Barbaggio & à Patrimonio, pour couvrir les districts qui s'étoient soumis ; ils renforcerent les garnisons de Calvi & d'Ajaccio ; ils prirent les plus sages précautions pour s'assurer leurs subsistances, & pour éviter les inconvéniens qui naissoient de la difficulté du transport des vivres qu'ils étoient obligés de tirer de terre-ferme : ils avoient plusieurs fois souffert du retardement de ces transports.

Ce fut Mr. de Contades qui fit exécuter la plûpart de ces arrangemens. Mr. de Boissieux, depuis long-temps indisposé, avoit obtenu la permission de retourner en France : mais il n'avoit pû en profiter. Il étoit mort à la Bastie le premier de Février, généralement

AN. 1739.

Préparatifs des Corses & des François.

Mort de Mr. de Boissieux. Mr. de Maillebois le remplace.

AN. 1739.

regretté. Il avoit été fait Lieutenant Général l'année précédente, & n'étoit âgé que de cinquante-six ans. Mr. le Marquis de Maillebois, aussi Lieutenant Général, & nommé depuis quelque temps pour remplacer Mr. de Boissieux, arriva le 20. du mois de Mars à Calvi, & se disposa sur le champ à dompter l'opiniâtreté des Corses.

Fin du Livre Septiéme.

HISTOIRE
DES
REVOLUTIONS
DE GENES.

LIVRE HUITIÉME.

IL y avoit parmi les insulaires de Corse trois partis différens : celui des Corses fideles à la République, qui se bornoît presque aux habitans des principales Villes maritimes ; encore ne sçavoit-on jusqu'à quel point on pouvoit compter sur leur attachement : le parti de Théodore, qui étoit le plus nombreux, dont les Montagnards formoient la principale force, & qui, maître de tout l'intérieur de l'Isle, bloquoit les troupes Françoises & Génoises dans les places où elles étoient retirées : en-

AN. 1739.

Etat des affaires de Corse.

H

fin un troisieme parti, uni en apparence à celui-là, composé des Corses portés à la conciliation, qui ne soutenoient Théodore que pour obtenir de meilleures conditions des Génois; parti caché, dissimulant ses vûes, dans lequel chacun avoit ses intérêts personnels, toujours prêt à leur sacrifier ceux de la cause commune, & à se donner au plus fort, ou à celui qui promettoit de plus grands avantages.

Plusieurs des principaux Chefs des mécontens étoient de ce parti; mais il étoit de leur politique de paroître attachés à Théodore. Il eut même été dangereux pour eux de tenir une autre conduite. Leur autorité n'étoit pas assez affermie, pour qu'ils osassent proposer d'exécuter le Reglement publié par la France, & de consentir au désarmement : condition préliminaire qui révoltoit infiniment les Corses. Ils se mirent donc en devoir de se maintenir dans les postes qu'ils occupoient dans la province de Balagna, où Mr. de Maillebois se proposoit de les attaquer.

Il fit en effet des dispositions pour forcer Monté-Maggioré, village situé sur une petite montagne escarpée, &

Mr. de Maillebois attaque les Rébelles.

qui dans toutes les révoltes avoit servi
de citadelle aux mécontens de la Balagna. Il s'empara du Couvent d'Alsiprato,
situé au pied de la montagne, & y fit
transporter quelque artillerie. Il ordonna ensuite qu'on coupât les oliviers
pour faciliter les approches. On commença à exécuter cet ordre le 29. de
Mars: cette expédition réussit assez
mal. Les troupes qui y furent employées
furent chargées par les Corses, & obligées de se retirer avec perte. On voulut recommencer deux jours après; &
l'on ne fut pas plus heureux. Les Corses, sensibles à la perte de leurs oliviers,
s'en vengerent sur quelques prisonniers
qu'ils firent. Ils massacrerent les uns sur
le champ, & arquebuserent de sang
froid les autres.

Mr. de Maillebois, qui ne vouloit pas
les aigrir, renonça à son projet. Ces
insulaires vindicatifs & cruels ne laisserent pas de continuer à faire éclater
leur haine contre les François. Plusieurs
Officiers & soldats de cette Nation
furent assassinés dans les villes mêmes
de la Bastie & de Calvi. La sévérité
avec laquelle on étoit obligé de punir
les crimes indisposoit les esprits, & ne

AN. 1739.

Il a besoin
de renfort &
en reçoit.

H ij

les contenoit pas. Les potences & les roues que Mr. de Maillebois fit élever intimiderent moins qu'elles n'irriterent. Le peu de succès de ses premieres tentatives ne servoit d'ailleurs qu'à encourager les mécontens. Avant que d'en former de nouvelles, il résolut de s'assurer la supériorité, & demanda un nouveau renfort à la Cour de France, qui sur le champ donna ordre à six Bataillons & à deux Régiments de Houssars de s'embarquer pour l'aller joindre.

Il traite avec les Chefs des Rébelles.

Malgré ces secours, il étoit difficile de désarmer par la force un pays tel que la Corse. Mr. de Maillebois, en attendant ses renforts, employa la voie de la négociation. J'ai dit que la plûpart des Chefs des Corses n'étoient pas eloignés d'accepter un accommodement. Ils convinrent aisément avec les Généraux François qu'ils engageroient les Corses à se soumettre; mais il fut arrêté qu'on les attaqueroit, pour épouvanter les plus opiniâtres des mécontens. Les Chefs promirent donc de ne se défendre que foiblement. Après ces conventions, Mr. de Maillebois partit pour la Bastie, & fit se-

dispositions pour les attaques projettées.

Le renfort qu'il attendoit étant arri- | Il attaque de nouveau les Corses, & les soumet.
vé le 2. de Mai, il fit avancer des dé-
tachemens pour se saisir des villages de
la Province de Nebbio, tandis que Mr.
de Villemur, qui commandoit à Calvi,
s'empara dans celle de Balagna des
gros villages de Lumio & de Corbara,
& de la petite ville d'Algaïola. Les
mécontens tenterent d'enlever quelques-uns de ces postes ; mais ils furent
repoussés. Tout le reste du mois de Mai
se passa sans aucune action de conséquence de part ni d'autre.

Enfin, le 2. du mois de Juin, Mr. de
Maillebois fit attaquer les mécontens de
toutes parts. Mr. de Villemur commença par le Village de Lavateggio. Il étoit
défendu par Jean-Baptiste Crucé, Prêtre, qui avoit fait barricader les rues,
les maisons, & les Eglises, & avoit
sous ses ordres, outre les habitans du
village, deux cents Montagnards bien
armés. Mr. de Villemur n'avoit avec
lui d'autre artillerie que deux petits canons, qu'un mulet portoit. On parvint avec peine à les faire tirer une
trentaine de coups, qui n'endommage-

rent que légerement les murs de quelques maisons; & il n'y avoit pas d'apparence de forcer ce poste: mais une partie de ceux qui le défendoient étoit gagnée. Crucé, contraint de se rendre, se sauva avec une vingtaine de Montagnards; & huit jours après, ayant accepté un passeport de de Mr. de Villemur, il s'embarqua pour se rendre à Naples.

Dans ce même temps Mr. le Marquis du Châtel, à la tête de quatre bataillons, attaquoit le couvent des Cordeliers d'Arénio, où le Docteur Paoli s'étoit enfermé avec soixante hommes. On envoya un tambour le sommer de se rendre; mais il ne répondit à la sommation que par un grand coup de fusil, dont le tambour fut dangereusement blessé. Une artillerie semblable à celle qu'on avoit employée à Lavateggio, tira toute la journée contre les murs du Couvent sans les endommager. Cependant quatre cents Montagnards vinrent pour secourir ce poste; mais ils furent repoussés, & Paoli se rendit le lendemain. Monté-Maggioré s'étoit rendu la veille à l'Officier qui commandoit au poste d'Alsiprato. Les autres postes de la

Balagna ne firent aucune résistance. Cette Province fut entierement soumise en quatre jours. Les Députés de ses villages, qui vouloient profiter de l'amnistie que Mr. de Maillebois avoit eu soin de faire publier, se hâterent de venir prêter serment de fidélité, & d'apporter leurs fusils, dont ils remirent quinze cents aux Généraux François.

AN. 1739.

Tandis qu'on soumettoit la Balagna, Mr. de Maillebois agissoit ailleurs. Il fit faire à la fois trois attaques: le Comte de Lussan marcha vers la gorge de Tenda, Mr. le Marquis de Crussol vers celle de Bigorno, & Mr. le Marquis d'Avaray vers celle de Lento. Les deux premieres attaques réussirent sans beaucoup de peine. On essuya plus de résistance à la troisieme, qui réussit aussi. Quelques jours après les districts de Mariana, de Casinca, de Cazzacaoné & de Rustino, tous considérables, envoyerent leurs Députés faire leurs soumissions; & presque tout le pays depuis Calvi jusqu'au fleuve Tavignano fut désarmé. Louïs Giafféri, Hyacinthe Paoli, & Brandoné, Chefs du district de Tavagna, vinrent eux-mêmes remettre leurs armes, & accepter l'am-

AN. 1738.

niſtie. Mr. de Maillebois étant parvenu à Corté, Arrighi, autre chef des mécontens, y vint faire les ſoumiſſions des diſtricts de Monaſco, de Vico & de Ginerca. Ainſi toute la partie de la Corſe depuis Capo-Corſo juſqu'à Corté, ce qui formoit près des deux tiers de l'Iſle, fut pacifiée en moins d'un mois.

Il ne reſte de Rébelles qu'à Talaro.

Dans le mois de Juillet, Mr. de Maillebois ordonna au Vice-Conſul de France qui réſidoit à la Baſtie, de ſe rendre dans la partie méridionale de l'Iſle, pour faire publier l'amniſtie dans les diſtricts qui n'avoient point encore conſigné leurs armes. Cette publication fut ſuivie de la ſoumiſſion la plus prompte dans les diſtricts de la Rocca, de Baſtélica & de Sarténé. Mr. de Maillebois, après avoir encore reçu les ſoumiſſions des autres principaux Chefs des mécontens, ſe rendit à Ajaccio, le 28. de Juillet, pour s'avancer de-là vers le diſtrict de Talaro, le ſeul endroit de l'Iſle où il reſtât des Rébelles à ſoumettre. Cependant les Chefs des mécontens, qui avoient évidemment facilité la ſoumiſſion de la Corſe, ſortirent de l'Iſle; ſoit qu'on trouvât dangereux de les y laiſſer, ou qu'eux mêmes

ne

DE GENES. LIV. VII. 97

AN. 1739.

ne crussent pas y devoir rester. Vingt-sept s'embarquerent le 10. de Juillet à la Paludella sur un bâtiment François qui les transporta à Porto-Longoné. Plusieurs se rendirent à la Cour de Naples, où ils trouverent de l'emploi. Le Roi des Deux Siciles voulut voir le fameux Giafferi, qui lui fut présenté. C'étoit un vieillard, qui malgré son grand âge portoit dons ses traits toute la fierté & toute la vigueur de sa jeunesse. Il convenoit qu'il avoit passé les six dernieres années de sa vie presque toujours à cheval.

Ce qui restoit à pacifier dans la Corse étoit de peu d'étendue; mais cet ouvrage n'étoit pas le moins difficile. Les plus obstinés Rébelles s'y étoient retirés. Ils avoient à leur tête le Baron de Drost, neveu de Théodore, qui étoit repassé dans l'Isle dès le mois de Mai sur une felouque Napolitaine. Il s'étoit rendu en dernier lieu dans le village de Ziccaro, l'un des plus inaccessibles par sa situation. Le Curé de ce village, rébelle déterminé, avoit fait assembler dans son Eglise environ douze cents hommes, tant du district de Ziccaro que des environs. Après les avoir exhortés

Le Baron de Drost est à leur tête.

Tome III.

AN. 1739.

par un long & pathétique discours à demeurer jusqu'au dernier soupir fideles à Théodore, il célébra une Messe Solemnelle, à laquelle il les fit tous communier ; ensuite il les fit jurer sur l'Evangile qu'ils défendroient leur liberté contre les François jusqu'à la derniere goutte de leur sang. Ce Corps, augmenté bientôt jusqu'à trois mille hommes, se sépara en plusieurs troupes, & ravagea plusieurs des districts voisins qui s'étoient soumis. Mr. de Maillebois fit aussitôt avancer des troupes de ce côté, & prit les meilleures mesures pour forcer ce reste de Rébelles à laisser la Corse tranquille.

Un détachement s'mpara du couvent de Chissoné dans le district de Castello, tandis qu'un autre détachement se saisissoit du village de Bastelica. Peu de jours après les Rébelles de Talaro investirent le couvent de Chissoné où il n'y avoit que deux cents hommes. Un Récollet de ce couvent les avoit déterminés à cette expédition, dont il leur avoit fait sentir la facilité. Il n'y avoit point en Corse de Rébelles plus furieux & plus obstinés que les Prêtres & les Moines. Lorsque le couvent fut investi,

& que les Rébelles furent établis dans le village, un autre Moine se sauva du couvent après avoir rompu durant la nuit un réservoir, & découvrit les canaux qui y conduisoient l'eau. Les Rébelles les couperent sur le champ; & les troupes investies depuis deux jours, sans eau ni vivres, étoient réduites à l'extrémité, lorsqu'elles furent secourues par un détachement qui les délivra.

Par les dispositions qu'avoit faites Mr. de Maillebois, les Rébelles se trouvoient enveloppés de toutes parts. Cependant le district d'Olmetto, qui s'étoit soumis, se révolta à l'instigation d'un Récollet. On arrêta le Moine, & on le fit pendre. On soumit de nouveau le district, & on le désarma; aussi bien que ceux des environs, auxquels on avoit laissé jusqu'alors des armes pour se défendre contre les courses des Rébelles de Talaro. Le 19. de Septembre, on fit attaquer le couvent de Talla, où cinq cents Rébelles s'étoient renfermés. Ils firent d'abord un grand feu: mais voyant les Grénadiers François briser les portes de l'Eglise à coup de hâche, ils se sauverent par-dessus les murs du jardin sur la montagne voisine, où ils

An. 1739.

se maintinrent plusieurs jours : enfin, se voyant investis, & sans espoir d'échaper, ils furent obligés de rendre les armes. Les villages voisins de Talaro n'attendirent pas qu'on les attaquât ; & il ne restoit plus que le seul village de Ziccaro à forcer. Le Baron de Drost y étoit toujours, & secondé du Curé faisoit des préparatifs de défense. Un Ingénieur Piémontois, qu'il avoit avec lui, avoit construit des fortifications autour de ce village, déja très-fort par sa situation seule. Il y avoit rassemblé quatre cents hommes résolus de se défendre jusqu'à l'extrémité. Mais ils ne pouvoient se flatter de tenir long-temps contre les troupes que M. de Maillebois faisoit marcher pour l'attaquer.

On le chasse de Ziccaro. Ces troupes entrerent en même temps par trois endroits dans le district de Talaro. Quelques Rébelles, à la faveur des postes avantageux qu'ils avoient pris, voulurent les arrêter ; mais ils furent débusqués à grands coups de fusils ; & le 20. de Septembre les trois détachemens François se réunirent devant Ziccaro, ayant M. de Mallebois à leur tête. On s'attendoit à une défense opiniâtre : mais elle n'eut été que dangereuse pour le Baron de Drost ; & il ne crut pas devoir la hazarder. Sommé de se rendre, il demanda vingt-quatre heures pour délibérer sur les conditions. Ce temps expiré, il en demanda encore autant; & on le lui accorda.

Il employa ce délai à toute autre chose qu'à projetter des articles de capitulation. Après avoir fait transporter dans les cavernes de la montagne voisine * tout ce qu'il y avoit dans le village, il se retira lui-même sur cette montagnes avec tous les habitans & leurs troupeaux. Le vingt-deux au matin on s'apperçut qu'il regnoit dans Ziccaro un profond silence. On y entra, & on le trouva abandonné. Il n'y étoit resté qu'un Religieux malade, & une vieille femme aveugle, qui n'avoient pû suivre les autres.

On ne tenta pas de forcer le Baron de Drost, retranché avec ses gens sur le sommet de la montagne. On comptoit que la faim les obligeroit bientôt d'en descendre; & la saison des pluies, qui approchoit, ne pouvoit leur permettre d'y faire un long séjour. Mr. de Maillebois retourna à Ajaccio, laissant dans Ziccaro huit cents hommes aux or-

* La Msntagne de Cascioné.

AN. 1739.

dres de Mr. de Larnage, pour obferver les Rébelles, qui les uns après les autres venoient chaque jour fe rendre & demander grace. Le Curé de Ziccaro vint auffi lui-même le 21. d'Octobre. Il demanda pardon à genoux, & l'obtint à condition qu'il fortiroit de l'Ifle. Mais le Baron de Droft, avec une vingtaine de Corfes qui lui reftoient,

Il y revient. eut le courage de foutenir les rigueurs de la faim & du froid jufqu'à la fin de Novembre. Alors les troupes Françoifes ayant évacué Ziccaro, il revint dans ce village, où il ne tarda pas à raffembler des partifans en affez bon nombre, & à recommencer fes courfes. Comme les neiges fermoient les chemins, Mr. de Maillebois ne put faire marcher des troupes, pour réprimer ces défordres, avant la fin du mois de Février de l'année fuivante.

Les François avoient befoin de repos. Obligés depuis près de neuf mois de courir tous les jours les montagnes par des chaleurs exceffives, manquant fouvent de vivres, accablés par des marches pénibles & continuelles, les foldats & les Officiers étoient rendus, de miferes & de fatigues. On ne crut pas devoir prolonger leurs travaux pour achever de détruire le petit parti du Baron de Droft, qui, dans l'état où étoient les choses, n'étoit pas un ennemi redoutable. On regarda la Corse comme entierement pacifiée. Les Houssars repasserent en France dès le mois de Novembre. Les ôtages Corses, qui avoient été transportés à Toulon, furent mis en liberté le mois suivant; & le Roi de France fit déclarer à la République que ses engagemens étoient remplis, & que la Corse étoit soumise. Il fit ajoûter au même temps que cette tranquillité ne pouvoit être regardée comme un état stable & permanent, qu'autant qu'on la fixeroit par une administration douce. Que les Génois devoient désormais s'appliquer à regagner la confiance des Corses, & à devenir leurs maîtres par choix, après l'avoir été par la force.

An. 1739.

Les environs de Ziccaro continuoient cependant d'être désolés par les partisans du Baron de Droft; & ces lieux n'étoient pas les seuls où il se commît des ravages. Des bandits, rassemblés dans diverses montagnes de l'Isle, exerçoient impunément des brigandages; & l'on eut beaucoup de peine à les détruire.

On acheve de pacifier la Corse.

AN. 1739

Les uns furent tués, quelques autres furent pris ; & la sévérité avec laquelle on les punit intimida le reste. Mr. le Marquis de Villemur arrêta avec plus de gloire & moins de peine une autre source de désordres. D'anciennes haines, jamais oubliées chez un peuple qui pousse à l'excès la soif de la vengeance, divisoient la plûpart des familles Corses. Ces animosités, qui avoient souvent autrefois excité dans l'Isle des divisions funestes, éclatoient, surtout dans la Province de Balagna, qui tous les jours étoit souillée de meurtres. Mr. de Villemur rassembla dans un couvent les Chefs de ces familles ennemies, & leur fit un discours si touchant, qu'il les porta à se réconcilier. Tous s'embrasserent en le comblant de bénédictions, & se jurerent un mutuel pardon aux pieds des Autels.

On poursuit le Baron de Drost.

Le parti du Baron de Drost ne se soutenoit que dans l'espérance d'un secours prochain. Effectivement un pinque, chargé de vivres & de munitions, s'étoit approché de la côte de Porto-Vecchio, pour tâcher de remettre ces secours aux mécontens. Mais ce Pinque fut enlevé par une frégate Françoise. Ce contretemps ne découragea joint le Baron de Droſt. Il ſavoit que Théodore parcouroit l'Italie & l'Allemagne, & devoit bientôt paſſer en Angleterre, qui entroit pour lors en guerre avec l'Eſpagne : que dans la poſition où ſe trouvoient les affaires de l'Europe, il étoit peut-être à la veille de circonſtances favorables. Réſolu par ces raiſons de ne quitter la partie qu'à la derniere extrémité, le généreux Baron de Droſt refuſa les facilités qu'on lui propoſa pour ſortir de l'Iſle. Les neiges étant fondues, Mr. de Maillebois fit marcher cinq cents hommes pour le chaſſer de nouveau de Ziccaro. Il fut obligé de ſe ſauver encore une fois dans les montagnes. Errant de caverne en caverne, vêtu des habits groſſiers des payſans de la Corſe, de peur d'être reconnu, manquant ſouvent des choſes les plus néceſſaires à la vie, accompagné de quelques gens attachés à ſa fortune, dont pluſieurs furent trouvés morts de froid & de faim, il parcourut les montagnes de Conca, puis oſa regagner celles de Ziccaro, & parut dans les environs de Talaro & de Fiumiorbo.

Il y fut attaqué par un détachement

AN. 1739.

AN. 1740.

Il ſort de l'Iſle.

de troupes Génoises, commandé par Ignatio Capponé. Il se battit en désespéré; & l'Officier Génois ayant été tué, le détachement prit la fuite. Retiré dans des lieux inaccessibles, on le crut sorti de Corse; mais il reparut durant le mois d'Août, & fut attaqué de nouveau. Il eut encore le bonheur d'échapper. Enfin, n'ayant plus d'espérance de renouveller les troubles, il consentit à s'embarquer. On facilita sa retraite, & vers le mois d'Octobre 1740. il partit pour Livourne, où il arriva avec un Gentilhomme Prussien qui l'avoit suivi, & quatorze ou quinze Corses en très-mauvais équipage.

Précautions pour affermir la tranquillité.

Cependant Mr. de Maillebois, occupé du soin d'affermir pour toujours la tranquillité qu'il venoit de rétablir, faisoit démolir les forts inutiles, réparer les autres, augmenter les fortifications des places maritimes, arrêter les mal-intentionnés, sur-tout les Prêtres & les Moines, plus dangereux que les autres par le pouvoir qu'ils avoient sur l'esprit des Corses, & punir avec la derniere sévérité ceux qu'on trouvoit avec des armes. Quoiqu'en exécution du Reglement qu'il avoit fait publier la Corſe entiere parût être déſarmée, il ſavoit qu'il s'y trouvoit encore des armes en grand nombre, que les habitans avoient ou enfouïes dans la terre, ou cachées dans les montagnes, & même dans les tombeaux. Il fit ſaiſir toutes celles qu'il put découvrir, & les remit aux Génois qui le firent tranſporter à Gênes. Il n'y avoit que ſix mille fuſils ou piſtolets ; & il étoit probable qu'il en reſtoit bien davantage dans l'Iſle : ce qui donnoit lieu de croire que les Corſes ne cédoient qu'aux temps, & qu'après le départ des troupes Françoiſes les troubles ne tarderoient pas à renaître. Elles n'y reſterent pas long-temps. La mort de l'Empereur Charles VI. ayant changé dans un inſtant la face des affaires de l'Europe, Mr. de Maillebois, fait depuis Maréchal de France, reçut ordre de repaſſer avec ſes troupes. Il partit avec ſix bataillons au mois de Mai 1741. & les dix autres ne tarderent pas à le ſuivre. Les Génois eurent ſoin de faire paſſer du monde en Corſe, pour y remplacer les François.

Le Marquis Dominique-Marie Spinola, qui avoit été Doge en 1732.

AN. 1740.

AN. 1741.
M de Maillebois repaſſe en France avec ſes Troupes.

avoit été nommé pour succéder à M.¹ Mari dans la charge de Commissaire Général de Corse, & étoit passé dans cette Isle à la fin de Juin 1740. âgé pour lors de 78. ans. Il avoit malgré son grand âge accepté cette place, parce qu'il étoit fort affectionné aux Corses parmi lesquels il étoit né, dans le temps que son pere les avoit gouvernés. Porté par inclination à les traiter avec bonté, il reçut avec plaisir les instructions pleines de douceurs que lui donna la République. Elle sentoit combien il étoit important pour elle de gagner les cœurs des Corses, & elle cherchoit sincerement à les contenter. On a vû qu'un de leurs principaux griefs étoit que ceux de leur nation n'avoient point de part aux honneurs Ecclésiastiques, elle proposa au mois de Mai 1741. pour les Evêchés de Nebbio & de Sagone, deux Corses qui y furent nommés par le Pape. Cette nouvelle causa une grande satisfaction aux insulaires, mais la République en tira peu de fruit.

Au Mois de Septembre, le dernier convoi des troupes Françoises étant parti, le Marquis Spinola fit publier

¹ Il mit à la voile le 10.

un pardon général pour tous ceux qui avoient offensé la République. A la faveur de cette amnistie, plusieurs des mécontens, auxquels on n'avoit fait grace qu'à condition qu'ils sortiroient pour toujours de l'Isle, y reparurent, & n'y apporterent pas des intentions pacifiques. Les bandits, qui s'étoient maintenus dans quelques montagnes, d'où sous le nom de mécontens ils faisoient des courses dans les environs, continuerent d'exercer leurs brigandages, & ne voulurent point profiter du nouveau pardon. Les autres Corses achetoient des armes des déserteurs Génois, qui étoient en assez grand nombre. Ils faisoient des provisions de sel, de cuirs, & des autres choses dont ils prévoyoient pouvoir manquer, si les troubles recommençoient. Toutes ces démarches n'annonçoient aux Génois rien de favorable.

Le Reglement publié par la France n'étoit qu'un préliminaire. Il devoit être suivi d'un Reglement pour la Régence de l'Isle; & les principaux articles devoient concerner les impôts & les taxes que devoient désormais payer

AN. 1741.
Les Corses semblent se préparer à de nouveaux troubles.

AN. 1741.

les Corses. Ces insulaires attendoient ce Reglement avec une grande impatience, & paroissoient disposés à remuer de nouveau, s'il ne répondoit pas à leurs espérances. Mr. Etienne Vénéroso, nommé Commissaire Général de Bonifacio, fut chargé de porter en Corse ce Reglement, & partit de Gênes le 23. de Novembre. Il arriva le 8. de Décembre à la Bastie pour conférer avec le Marquis Spinola, auquel il amenoit quelques troupes. Spinola avoit déja reçu des renforts, & en avoit demandé de nouveaux. Le nombre des mécontens réfugiés dans les montagnes s'augmentoit insensiblement. Un détachement de cent cinquante hommes, envoyé au mois de Novembre pour faire cesser leurs brigandages, s'étoit trouvé trop foible, & avoit été obligé de s'arrêter en chemin; & il fut aisé de s'appercevoir qu'il s'en falloit bien que les Corses eussent rendu toutes leurs armes.

AN. 1742.
Les désordres recommencent.

Au mois de Janvier 1742. les mécontens, au nombre de plus de trois cents, attaquerent le couvent de Rostino, occupé par des troupes Génoises. Ils ne purent le forcer: mais ils tinrent bloqué durant six jours, & ne se retirerent qu'en promettant de revenir bientôt en plus grand nombre. Les districts de Rostino, d'Isolacci, de Lazacconé, étoient ceux où l'on voyoit le plus de mécontens. On résolut d'armer contre eux les Corses bien intentionnés, qui, las de révoltes & de guerres civiles, offroient aux Génois de les aider à réprimer les nouveaux troubles dont on paroissoit menacé. On défendit au même temps, sous les plus grosses peines, aux Armuriers de l'Isle, de travailler aux armes à feu pour aucun Corse, sans une permission expresse. On punit ceux des mécontens qu'on eut prisonniers avec une sévérité capable d'intimider les autres. On arrêta les personnes suspectes, & on en bannit plusieurs. Mais douze de ces exilés reparurent en Corse dès le mois d'Avril, & apporterent avec eux des fusils & des munitions. La mauvaise volonté de plusieurs Pieves se manifesta, & tout annonça un soulevement prochain.

Ces nouvelles affligeoient fort les Génois. L'Empereur Charles VI. qui les protégeoit, étoit mort. La France

AN. 1742

AN. 1736.

Autres inquiétudes des Génois.

étoit trop occupée des affaires générales de l'Europe, pour donner beaucou[p] d'attention aux affaires particulières d[e] la Corse. L'Espagne étoit en guerr[e] avec l'Angleterre. Toute l'Europe pre[-] noit les armes. Résolus à la plus exact[e] neutralité, les Génois craignoient le[s] suites de la neutralité même, qui n'obli[-] ge jamais, & mécontente souvent. Ils a[-] voient des ennemis puissans, & ils n[e] l'ignoroient pas. Dès 1734. la Cou[r] de Sardaigne avoit des prétentions s[ur] diverses parties de leur Domaine d[e] Terre-Ferme. Ils avoient eu depuis [de] fréquentes difficultés avec cette Cou[r.] Ils s'étoient trouvés même obligés d[e] garnir leurs frontieres à diverses rep[ri-] ses. Tantôt il s'agissoit de régler les l[i-] mites, tantôt de pratiquer un chem[in] sur les terres de la République po[ur] conduire de Loano en Piémont. C[es] différends avoient été terminés à l'am[ia-] ble; mais on craignoit des prétenti[ons] ultérieures qui n'ont que trop écla[té] depuis. Ajoûtez à cela l'inquiétude q[ue] les Génois avoient des mouvemens [de] Théodore à la Cour d'Angleterre, s[ur-] tout depuis que cette Cour paroisso[it] mécontente contre Gênes, dans qui e[lle] prétendo[it]

...rétendoit remarquer de la partialité en faveur des Espagnols. Je ne parle point des Corsaires de Barbarie, qui continuoient depuis bien des années de troubler le commerce de la République. La Bulle qu'on avoit obtenue du Pape, pour publier une Croisade contr'eux, avoit produit peu d'effet; & en dernier lieu ils avoient profité du désarmement de la Corse, pour faire des descentes sur les côtes de cette Isle, & en enlever les habitans.

An. 1742.

Dans de pareilles circonstances les Génois ne pouvoient rien souhaiter avec plus d'ardeur, que de pacifier la Corse; & ils y donnerent tous leurs soins. Il fut arrêté que douze Députés, nommés par les diverses Provinces de l'Isle, après avoir examiné les articles du nouveau Reglement, & les avoir approuvés, l'accepteroient au nom de tous les habitans. Ces Députés se rendirent à la Bastie, & après plusieurs conférences retournerent rendre compte des articles de ce Reglement, qu'ils inviterent les Corses d'accepter. Ils revinrent le 21. de Mai: mais les réponses qu'ils apporterent n'étoient rien moins qu'une acceptation. Le principal article du

Reglement concernant les taxes sur la Corse.

Tome III. K

AN. 1742.

Reglement proposé étoit la taxe qu[e] les Corses devoient payer à la Républ[i]que par chaque feu. Le Reglement [la] fixoit à six livres. Les districts d[es] mieux intentionnés ne vouloient paye[r] que cinquante sols : quelques-uns re[fusoient] absolument de souffrir aucun[e] imposition : d'autres demandoient qu[e] le prix du sel & de la taille fût remis s[ur] l'ancien pied, & que les droits sur [le] bled & l'huile fuſſent ſupprimés. [La] Province de Balagna en particuli[er] ne vouloit rien conclure ſans les ordr[es &] la garantie du Roi de France. L[es] Députés préſenterent à Spinola un M[é]moire où ces diverſes propoſitions [é]toient détaillées : Spinola ne conſent[it] à le recevoir, qu'après que les Dép[u]tés ſe furent déterminés à y faire que[l]ques changemens; & il l'envoya à G[ê]nes.

Ces changemens déplurent fort a[ux] Corſes. Les principaux habitans [de] la Balagna, ayant ſû qu'on avoit ra[yé] ce qui concernoit la garantie de la Fra[n]ce, déſavouerent les Députés, & ſign[e]rent une proteſtation contre leurs d[é]marches & contre le Mémoire qu[']avoient préſenté. Les habitans de Ca[...]

cio les imiterent; & se préparerent à soutenir leurs prétentions par les armes. Spinola de son côté avoit fait renforcer quelques postes, & en avoit retiré d'autres qui auroient pû être enveloppés. Il reçut au mois de Septembre un renfort de six cents hommes, & fit marcher un détachement pour contenir les habitans de la Balagna qui commençoient à remuer: mais ce détachement fut obligé de se retirer après avoir eu quelques soldats tués. Enfin Spinola ayant reçu de Gênes le Reglement tel que la République vouloit qu'il fût publié, il fit faire cette publication le 5. de Novembre. La nouvelle taxe qu'on y établissoit étoit de quatre livres huits sols quatre deniers par feu, & la perception de ce droit, & des autres impôts dont ce Reglement contenoit le nouveau Tarif, fut fixée au commencement du mois de Décembre suivant.

Quelque modique que fût cette nouvelle taxe, les Corses ne se montrerent pas disposés à la payer. On se prépara à les y forcer; & le Major Franceschi se présenta aux portes de la petite ville d'Ampugnano, avec un corps de troupes, pour y exiger le payement du

AN. 1742.

Les Corses refusent de s'y conformer.

Les troubles renaissent.

AN. 1742.

nouveau droit. Il trouva les portes fermées, & se mit en devoir de les rompre. Mais les habitans, qui avoient pris les armes, sonnerent le tocsin, firent des feux pour avertir les districts voisins de ce qui se passoit, tirerent sur le détachement de Franceschi, lui tuerent quelques soldats, & l'obligerent de se retirer avec précipitation à Rostino. Un autre détachement, qui voulut exiger la taxe à Campoloro dans le mois suivant, ne fut pas plus heureux; & l'on apprit dans le même temps qu'il s'étoit tenu deux assemblées, l'une à Caccio, l'autre à Orezza, où les Corses de ces districts avoient résolu de périr les armes à la main, plûtôt que d'accepter le nouveau Reglement.

AN. 1743.

Nouvelles tentatives de Théodore, soutenu des Anglois.

Théodore n'avoit pas oublié la Corse ni ses projets. Les circonstances étoient plus que jamais favorables à ses vûes; & il tâcha d'en profiter. Il s'étoit rendu en Angleterre, où il avoit cru trouver des ressources. Les Anglois, comme je l'ai dit, pensoient avoir des raisons de se plaindre de la République de Gênes; & il leur offroit l'occasion de la chagriner. Il revint en Italie sur un vaisseau Anglois qui toucha à Villefranche, & de-là arriva à Livourne. An. 1743. Grand nombre de Corses exilés, & la plûpart des Chefs sortis de l'Isle à la fin des derniers troubles, se rendirent à son bord. Le Général Breitwitz s'y transporta aussi avec le Consul Anglois, & eut avec Théodore une conférence de plusieurs heures. Enfin, la nuit du trente Janvier, Théodore partit pour la Corse avec ceux de ces Insulaires qui l'étoient venus trouver dans son vaisseau, accompagné d'un autre vaisseau de guerre Anglois.

Quelques jours auparavant, il avoit fait passer dans cette Isle son Secrétaire nommé Vinufs, qui y avoit répandu un écrit, où Théodore, prenant toujours le titre de Roi de Corse, annonçoit à ses sujets son retour prochain, les secours qu'il amenoit, & les efforts qu'il étoit en état de faire pour leur délivrance. Il leur promettoit positivement la protection du Roi d'Angleterre, & leur faisoit entendre qu'il étoit prêt d'arriver avec plusieurs vaisseaux Anglois, des troupes de débarquement, des munitions, & des armes. Il parut effectivement peu de temps après sur les côtes de Corse avec ses deux vaisseaux, & aborda à Isola Rossa, où il débarqua des armes & de la poudre. Il somma quelques petits forts de se rendre, & arrêta divers petits bâtimens Génois qui passoient d'un endroit de la Corse à l'autre.

Il ne réussit pas. Mais cette tentative n'eut pas de suites. Soit qu'il ne trouvât plus dans les Corses les mêmes dispositions qu'autrefois, soit que ses mesures secrettes eussent été déconcertés par quelques contre-temps qu'il n'avoit pas prévûs, il se retira au bout de quelques jours, & ne reparut plus. Son Secrétaire resta encore quelque temps dans l'Isle : mais étant inutile, on lui envoya de Livourne un vaisseau sur lequel il s'embarqua.

Plaintes des Génois à la Cour de Londres. Les Génois, alarmés de la nouvelle entreprise de Théodore, donnèrent ordre à Mr. Gastaldi, leur Ministre à Londres, de présenter au Roi un Mémoire, dans lequel la République témoignoit sa surprise de l'appui que Théodore paroissoit avoir trouvé auprès de la Cour Britannique. Elle exposa que lorsque la France s'étoit engagée de pacifier la Corse, ce Traité avoit été communiqué au Roi d'Angleterre, qu'on l'avoit alors supplié de joindre sa garantie à celle du feu Empereur & de Sa Majesté très-Chrétienne : que, quoique Sa Majesté Britannique n'eût pas accédé à ce traité, Elle avoit cependant agréé les marques d'attention que lui donnoit la République ; & qu'elle avoit défendu, par un ordre exprès & public, à tous vaisseaux portant pavillon Anglois, d'avoir aucun commerce avec les Corses Rébelles : Que la République ne formoit aucune conjecture sur les secours que Théodore & les Rébelles de Corse venoient de recevoir des vaisseaux Anglois ; qu'elle ne pouvoit cependant s'imaginer que les Officiers de ces vaisseaux eussent agi en leur nom , & par des vûes d'intérêt : mais qu'elle étoit d'ailleurs persuadée que, si le Roi croyoit avoir quelques sujets de mécontentement contre la République , il auroit daigné le lui faire savoir, afin qu'elle pût se justifier d'une façon convenable. Le Roi fit répondre au Député de Gênes qu'il ne prenoit aucun intérêt à Théodore, & que les Officiers de ses vaisseaux avoient agi sans son ordre.

Les Génois, médiocrement rassurés

An. 1743.

AN. 1743. par cette réponse, se tinrent plus que jamais sur leurs gardes. Ils avoient depuis long-temps mis à prix la tête de Théodore : ils porterent ce prix jusqu'à quatre mille cruzades. Ils firent les meilleures dispositions pour s'opposer aux descentes ; & ne prenant pas moins de précautions contre les habitans de l'Isle, ils réparerent les Places, renforcerent les garnisons, & rassemblerent un corps de troupes aux environs de San-Fiorenzo & du port de Volo, postes importans qui couvroient le plat pays des environs.

Progrès des Rébelles. Ces précautions devenoient de jour en jour plus nécessaires. La révolte s'accréditoit. Les Génois étoient revenus à Ampugnano, en avoient chassé les Rébelles, & avoient mis leurs maisons au pillage : mais ces Rébelles, s'étant joints à plusieurs autres corps de leur parti, s'étoient emparés de la ville de Corté, & de la Tour de la Paludella. Les Rébelles s'étoient aussi rendus maîtres de la tour de Sorracco près de Porto-Vecchio. Ils avoient tenu des assemblées en divers endroits de l'Isle, & s'y étoient choisis des Chefs. Ils avoient levé des Compagnies, qui ils avoient assigné des quartiers dans le district de Campo-Loro. Ils avoient défendu à leurs partisans sous de grosses peines d'avoir aucune communication avec les Génois. Ils avoient renvoyé en liberté les soldats qu'ils avoient faits prisonniers : mais ils avoient gardé leurs armes & leurs habits. Au reste ils ne parloient plus comme autrefois de se souftraire pour toujours de la domination Génoise. Ils ne demandoient que la diminution des taxes, la liberté d'avoir des armes, & quelques autres avantages. Mais ce qui éloignoit fort l'espoir de la conciliation, c'est qu'à mesure qu'on leur accordoit une partie de leurs prétentions, ils en formoient de nouvelles.

AN. 1743.

Le Marquis Spinola étoit mort le 22. de Février. Mr. Justiniano fut nommé pour le remplacer, & arriva à la Bastie le 31. Juin, apportant avec lui beaucoup d'argent, de l'artillerie, & des munitions de guerre & de bouche. Après avoir écouté les propositions des mécontens, il leur offrit la liberté du port des armes, le rétablissement des impôts sur l'ancien pied, avec cette clause, qu'ils ne pourroient être aug-

Négociations avec eux.

Tome III. L

mentés que du consentement des Députés des douze principaux districts de l'Isle ; la nomination à l'Evêché d'Aléria, & aux principaux emplois de Magistrature & de Finance de la Corse, en faveur des naturels du pays. Ces offres parurent d'abord satisfaire les Corses, & l'on ne doutoit pas que l'on ne terminât incessamment sur ce pied là : mais, lorsqu'on étoit sur le point de finir, les Députés des mécontens firent de nouvelles demandes par forme d'extension & d'addition.

Nouvelles prétentions de leur part. Ils vouloient qu'il n'y eût dans toute l'Isle qu'une seule ville dont le Gouverneur ne fût pas Corse ; qu'on ne nommât que des Corses pour remplir toutes les Magistratures ; qu'il y eût deux Tribunaux, l'un à la Bastie, l'autre à Ajaccio, où les affaires criminelles se jugeassent en dernier ressort ; que l'ancienne Noblesse de l'Isle jouît des mêmes prérogatives que les Nobles Génois ; que les Corses eussent la liberté d'établir toutes sortes de manufactures, & d'exploiter les mines de leur Isle ; que leur commerce fût libre, & qu'il n'y eût aucune imposition sur la sortie ou l'entrée des marchandises, quelles qu'elles fussent; que ces concessions fussent garanties par les Puissances que les Corses choisiroient, & qu'on ne pût faire à l'avenir aucunes conventions nouvelles entre les Corses & les Génois, sans qu'elles fussent ratifiées par les principaux habitans de tous les districts de la Corse. Justiniani envoya sur le champ à Gênes ces prétentions nouvelles; & en attendant la réponse de la République, la Corse fut assez tranquille. On n'attaquoit point les mécontens; ils vivoient dans l'indépendance; on n'exigeoit point les taxes; & à ce moyen ils ne troubloient point les Génois dans leurs possessions. Elles n'étoient pas fort étendues. Elles se bornoient aux principales places maritimes, & aux districts de Capo Corso & de Nebbio: les mécontens étoient les maîtres dans tout le reste de l'Isle.

AN. 1743.

La Corse ne donnoit plus aux Génois leurs principales inquiétudes. Résolus de satisfaire les mécontens en leur accordant la meilleure partie de leurs demandes, ils regardoient cette affaire comme facile à terminer. D'autres objets bien plus importans attiroient leur attention, & leur causoient de vives

Alarmes causées aux Génois par les Anglois.

L ij

AN. 1743.

alarmes. La guerre s'allumoit de plus en plus dans l'Europe, & l'Italie en étoit un des principaux Théatres. Les Anglois paroissoient toujours persuadés que la République de Gênes favorisoit l'Espagne: remplis de cette idée, la flote formidable qu'ils avoient dans la Méditerranée avoit exercé diverses violences sur les côtes de Gênes. Au mois de Septembre de l'année précédente, les Commandans de cette flote avoient fait piller plusieurs magasins formés dans différens endroits de l'Etat Génois, sous prétexte que ces magasins appartenoient aux Espagnols. La République avoit porté ses plaintes à la Cour de Londres, où l'on avoit désavoué ces procédés; mais ils ne laisserent pas d'être réitérés depuis.

La neutralité du port de Gênes violée.

Les Espagnols, profitant de la neutralité de l'Etat de Gênes, continuoient de faire entrer en Italie, par les ports de cet Etat, des troupes & des munitions. La flote Angloise ne croisoit dans la Méditerannée que pour intercepter ces convois fréquens; mais ils se déroboient presque tous à sa vigilance. En dernier lieu plusieurs bâtimens Catalans & Majorquains, chargés d'artille-

...rie pour l'armée Espagnole, trouvèrent le moyen d'entrer dans le port de Gênes, sans que les Anglois eussent pû les en empêcher. Quelque temps après * une escadre Angloise s'approcha de Gênes, & exigea que la République contraignît ces bâtimens de sortir. On se plaignit de cette nouvelle violence: mais le Commandant de l'escadre insista, menaçant, si l'on tardoit davantage, de brûler les bâtimens dans le port même. La République, cherchant toujours à éviter les extrémités, eut recours à divers expédiens. Enfin, après bien des négociations, elle fut obligée de consentir que l'artillerie dont ce convoi étoit chargé seroit portée à San-Bonifacio, dans l'Isle de Corse, pour y demeurer jusqu'à la paix entre l'Angleterre & l'Espagne; ce qui fut exécuté sur le champ.

AN. 1743.

La neutralité du port de Gênes, violée avec si peu de ménagement, fit sentir aux Génois que les Anglois n'étoient rien moins que bien intentionnés pour eux. Mais le traité de Wormes, conclu le mois de Septembre suivant, leur révéla des entreprises qui leur apprirent

* Au mois de Juillet.

tout ce qu'ils devoient craindre.

AN. 1743.

Traité de Wormes où l'on veut dépouiller les Génois de Final.

Ce Traité fut signé à Wormes le 13. de Septembre 1743. au nom des Rois d'Angleterre & de Sardaigne, & de la Reine de Hongrie. Les Puissances contractantes s'exprimoient ainsi dans l'Article XI. « Comme il est im-
« portant pour la cause publique, que
« Sa Majesté le Roi de Sardaigne ait
« une immédiate communication de ses
« Etats par mer avec les Puissances Ma-
« ritimes; Sa Majesté la Reine de Hon-
« grie & de Bohême lui cede tous les
« droits qu'elle peut avoir, d'aucune
« maniere & sous aucun titre que ce
« soit, sur la Ville & Marquisat de Fi-
« nal ; lesquels droits elle cede &
« transfere, sans aucune restriction
« quelconque, au dit Roi de Sardaigne.
« Dans la juste attente que la Républi-
« que de Gênes facilitera autant qu'il
« sera nécessaire une disposition si in-
« dispensablement requise pour la sû-
« reté & la liberté de l'Italie, en consi-
« dération de la somme qui sera trouvée
« être dûe à la dite République ; sans
« que Sa Majesté le Roi de Sardaigne,
« ni Sa Majesté la Reine de Hongrie,
« soient obligés de contribuer au paye-

« ment de la dite somme: pourvû néan-
« moins que la Ville de Final soit &
« demeure pour toujours un port libre,
« comme celui de Livourne ; & qu'il
« sera permis au Roi de Sardaigne d'y
« rétablir les forts qui ont été démolis,
« ou d'en faire bâtir d'autres, suivant
« qu'il le jugera le plus convenable. »

Rien n'étoit moins légitime que cette cession prétendue. Il ne restoit aucuns droits à la Reine de Hongrie sur le Marquisat de Final. La République de Gênes l'avoit acheté du feu Empereur, pere de cette Princesse, le 20. d'Août 1713. & en avoit payé le prix. Cette République en avoit reçu alors l'investiture dans la forme la plus authentique. Il est vrai que le Roi de Sardaigne faisoit offrir aux Génois de les rembourser du prix par eux payé pour cette acquisition : mais cette indemnité étoit imaginaire, parcequ'il exigeoit au même temps qu'ils remissent la Ville de Final dans le même état où elle étoit lorsqu'ils l'avoient achetée. Ils en avoient depuis démoli les fortifications ; & le prix qu'il en devoit coûter pour les réparer étoit bien au-dessus du prix de l'achapt. Par d'autres articles du

AN. 1743.

même traité de Wormes, on promettoit encore au Roi de Sardaigne, de lui faire accorder par l'Empire la supériorité territoriale, tant du Marquisat de Final, que de divers autres fiefs dont la République étoit investie depuis long-temps.

Suites de cette affaire.

Des cessions si extraordinaires surprirent extrêmement les Génois. Ils ne le furent pas moins de la proposition qui leur fut faite par les Anglois, de leur permettre de faire de la Ville de Final une place d'armes. Ils n'eurent garde d'accepter une proposition qu'ils ne regarderent que comme un prétexte pour avoir lieu de mettre sur le champ le Roi de Sardaigne en possession de cette place. Ils songerent au contraire à la mettre en quelque état de défense.

Ils y envoyerent des troupes, firent distribuer aux habitans du pays des armes & des munitions de guerre, firent revenir de Corse un bataillon avec quelque artillerie : enfin ils firent toutes les dispositions nécessaires pour éviter les surprises dans toute l'étendue de leur Etat, & pour être prêts à résister de quelque côté qu'on les attaquât.

AN. 1744.

Toute l'année 1744. fut employée

ces préparatifs. Le Roi de Sardaigne en faisoit de son côté, & se disposoit à faire marcher des troupes vers le Marquisat de Final. Les Anglois avoient pour les Génois moins de ménagemens que jamais. La République sentit qu'elle ne pourroit éviter encore long-temps de prendre part à la guerre d'Italie. Elle songea dès lors à chercher un appui capable de contrebalancer les forces des ennemis puissans ligués pour la dépouiller ; & elle crut ne pouvoir trouver de secours plus solides que ceux qui lui furent offerts par les Cours de France & d'Espagne, avec lesquelles elle se ligua quelque temps après, comme nous le dirons dans un moment. Revenons aux affaires des Corses.

Après bien des négociations & des soins, ils avoient accepté le reglement;* & rien ne troubloit plus la tranquillité de leur Isle. En conséquence du pardon général accordé pour tout ce qui s'y étoit passé depuis 1729. on mit en liberté le Major Colonne, le Capitaine Gentilé, & quelques autres prisonniers arrêtés pour avoir fomenté les troubles, & détenus depuis plusieurs années dans

An. 1744.

Préparatifs de defense dans l'état de Gènes.

Pacification entiere de la Corse par le P. Léonardo.

* Vers le mois de Novembre.

An. 1744.

la tour de Gênes. Le Pere Léonardo fameux Missionnaire, avoit contribué beaucoup à engager les mécontents à se soumetre; & peut-être sans lui la Corse n'eût pas été sitôt pacifiée. Il étoit natif de Port-Maurice, & Religieux de l'ordre de saint Pierre d'Alcantara. Non moins célebre par son zele & par sa doctrine que par l'austérité de sa vie, il avoit un merveilleux talent pour toucher & pour persuader. Il avoit fait une mission à Gênes en 1743. & ses sermons avoient attiré un concours si prodigieux, qu'il avoit été obligé de prêcher dans les places publiques. Le jour de la clôture de sa mission, il avoit fait dresser un échaffaut dans la plaine de Bisagno; & plus de cinq mille personnes s'étoient empressées de recevoir sa bénédiction. Ayant exhorté ses auditeurs à contribuer aux frais de l'armement de la barque entretenue contre les Corsaires, il avoit en un instant ramassé une somme considérable; & plusieurs femmes, qui n'avoient point d'argent, lui avoient donné leurs bagues & leurs boucles d'oreilles. L'effet de ses prédications ne fut pas moins glorieux dans la Corse; il y triompha d

obſtination des mécontens. Bien diffé-
rent des Moines & des Prêtres de cette
Iſle, dont les diſcours ſéditieux y avoient
excité & ſi long-temps entretenu la
révolte, il y rétablit le bon ordre & la
paix. Mais ces heureux fruits de ſes travaux Apoſtoliques furent malheureu-
ſement trop peu durables.

La République de Gênes étoit dans *Divers ſujets d'inquiétudes des Génois.*
des circonſtances d'autant plus fâcheu-
ſes, qu'à la veille d'entrer en guerre
avec des Puiſſances redoutables, elle
n'étoit pas parfaitement tranquille dans
pluſieurs parties de ſes Etats, où elle
voyoit de temps en temps s'élever de
fâcheuſes émeutes. Nous avons parlé de
celles de Final & de San-Rémo. Il y
en eut en diverſes années à Saſſello, à
Albenga, & en dernier lieu, au mois
de Juin 1744. aux portes mêmes de
Gênes, dans la vallée de Polſévéra.
Huit cents payſans y prirent les armes, demandant le rétabliſſement de
leurs anciens privileges, & l'abolition
des nouveaux impôts. La prudence du
Sénat étouffa ces troubles naiſſans, qui
n'eurent aucunes ſuites.

On prévint auſſi ceux que voulut *Troubles de Corſe préve-nus.*
exciter dans la Corſe à la fin de 1744.

AN. 1744.

* un certain Comte de Beaujeu, q[ui] y avoit servi dans les troupes [de] France sous le Maréchal de Maille[-]bois. Il avoit alors eu occasion de li[er] des intelligences avec les Rébelles, [&] avoit formé un projet pour se mett[re] à leur tête. Il devoit être protégé p[ar] le Dey de Tunis, avec lequel il s'éto[it] concerté. Il avoit envoyé un homme d[e] confiance à Livourne pour s'abouche[r] avec les Chefs des mécontens, sort[is] de l'Isle, & réfugiés en Toscane : heu[-]reusement cet homme, qui avoit ét[é] Moine dans un couvent de Stiglian[o,] vint à Gênes, & découvrit toute cett[e] menée au Sénat, qui fit échouer l'en[-]treprise.

AN. 1745.
Hostilités du Roi de Sardaigne du côté de Final.

La République étoit toujours parti[-]culierement occupée de la sûreté d[e] ses Etats de Terre-Ferme. Les prépa[-]ratifs de défense duroient toujours. O[n] levoit des troupes, on les exerçoit, o[n] apprêtoit des tentes, on disposoit to[ut] l'attirail nécessaire à une armée qui d[oit] entrer en campagne. On ne perdo[it] point de vûe le Marquisat de Final. O[n] avoit fait faire quelques barricades [sur] les frontieres de ce territoire : le R[oi]

* Au mois d'Octobre.

Sardaigne les fit rompre à main armée. On les rétablit sur le champ, & l'y ajouta de nouveaux ouvrages. On mit cinq mille hommes dans Final, deux mille dans Savone : on rompit tous les chemins qui communiquoient avec le Piémont ; & l'on fit des retranchemens pour garder tous les passages par où le Roi de Sardaigne pouvoit espérer de pénétrer dans l'Etat de Gênes.

L'armement des Génois n'avoit cependant pas pour unique objet de défendre leurs frontieres contre les entreprises de ce Prince. Ils avoient à remplir des engagemens qu'ils avoient pris avec les Rois de France, d'Espagne, & de Naples. La République avoit conclu un traité avec ces trois Puissances, par lequel elles lui garantissoient tous ses Etats, & en particulier le Marquisat de Final, à condition qu'elle joindroit à leurs troupes un corps de dix mille hommes, avec un train d'artillerie. Quoique ce traité fût tenu secret, les Anglois & leurs alliés en eurent quelque soupçon ; & le commandant de leur flote dans la Méditerrannée eut ordre de s'en éclaircir.

AN. 1745.

Traité des Génois avec la France & les Alliés.

An. 1745.

Il écrivit en conséquence une lettre adressée à la Régence de Gênes, dans laquelle il marquoit, que ne connoissant point d'ennemis aux Génois, leurs préparatifs de guerre ne pouvoient servir qu'à faire naître des soupçons propres à troubler leur tranquillité. Le Sénat répondit que Gênes n'armoit que pour rendre sa neutralité respectable, & non pour s'en départir. Que le traité de Wormes venoit de lui apprendre le danger d'une neutralité désarmée ; & que ses préparatifs n'avoient d'autre but que sa sûreté. Les Anglois, peu persuadés de la sincérité de cette réponse, redoublerent leurs violences sur les côtes de l'Etat de Gênes, & y commirent sans ménagement des hostilités sous le prétexte d'intercepter les secours que les Espagnols faisoient passer en Italie.

Cependant les troupes de France, d'Espagne & de Naples, s'approchoient du territoire de la République qu'elles devoient traverser pour se joindre. La France, après avoir agi long-temps comme Puissance auxiliaire, avoit déclaré la guerre l'année précédente aux Rois de Sardaigne & d'Angleterre, & à la

Reine de Hongrie. Ses troupes jointes à celles d'Espagne, sous les ordres de Dom Philippe, s'avancerent vers la partie occidentale de l'Etat de Gênes, tandis que l'armée Espagnole, commandée par le Duc de Modene, & renforcée par les troupes du Roi des deux Siciles, parcouroit la partie orientale de ce même Etat, pour se réunir à Dom Philippe. La jonction se fit; & les deux armées agirent ensemble suivant le projet qu'elles concerterent.

AN. 1745.

Le détail de leurs marches & de leurs opérations n'est point de mon sujet. Je dirai seulement que le Comte de Schullembourg, qui commandoit le corps de troupes de la Reine de Hongrie, fort de dix-huit mille hommes, & qui s'étoit avancé sur le territoire de la République, campant près de Novi, depuis Serravallé jusqu'à Carasso, fut obligé de se retirer à l'approche des deux armées. Il eut soin avant sa retraite de mettre le feu à tous les fourrages qu'il put rassembler: il exigea des contributions, & laissa commettre à ses troupes les plus grands désordres sur le territoire Génois. Il avoit pratiqué en avant de Novi des retranchemens de

Schullembourg sort du territoire de Gênes, & y commet des désordres.

AN. 1745.

distance en distance, dans l'interval[le] de près d'une lieue & demie. Il atten[di]t pour se retirer qu'ils fussent to[us] forcés les uns après les autres ; & co[n]traint enfin d'évacuer la partie de l'É[[-]]tat de Gênes qu'il occupoit, il y f[it] autant de mal qu'il étoit possible, p[il]lant les maisons sur sa route, détru[i]sant les moulins & brisant les meule[s].

Les troupes Génoises joignent celles de France & d'Espagne.

Le traité des Génois avec la Franc[e] & l'Espagne n'étoit plus un myster[e]. Leurs troupes, au nombre de quator[ze] bataillons, outre quelques compagni[es] franches, joignirent celles de ces Co[u]ronnes vers le mois de Juillet. Le Ma[r]quis Brignolé les commandoit en ch[ef.] Sitôt que les troupes Génoises fure[nt] réunies à celles de leurs alliés, la R[é]publique donna ordre à ses Ministr[es] dans les Cours de Londres, de Vien[ne] & de Turin de déclarer les motifs q[ui] la portoient à cette démarche, & [de] répandre au même temps divers écr[its] où ces motifs étoient détaillés fort [au] long.

Manifeste des Génois.

Elle y exposoit qu'uniquement atte[n]tive à la conservation de ses domain[es] & de son commerce, elle n'avoit jam[ais] eu d'autre but que de se concilier [la] bienveillan[ce] bienveillance de toutes les Puissances, par les égards les plus respectueux: mais qu'une conduite aussi irréprochable n'avoit pû la mettre à l'abri des usurpations du Roi de Sardaigne. Que dès 1733. ce Prince avoit sollicité l'Empereur Charles VI, de lui céder le Marquisat de Final, & d'autres fiefs dans la Ligurie; & que cet Empereur, trop juste pour disposer du bien d'autrui, le lui ayant refusé, le Roi de Sardaigne en avoit témoigné son ressentiment, en refusant d'embrasser alors les intérêts de la Cour de Vienne.

Que non seulement la République de Gênes avoit acquis le Marquisat de Final par un contrat solemnel; mais que l'Empereur, en le lui vendant, le lui avoit transféré irrévocablement avec la même souveraineté & les mêmes prérogatives avec lesquelles le Roi d'Espagne l'avoit possédé, réservant de plus expressément à la République les anciens droits qu'elle avoit sur ce Marquisat. Qu'enfin il s'étoit engagé pour lui & ses successeurs à garantir le dit Marquisat à la République, & l'avoit fait comprendre dans le traité de la quadruple alliance comme cédé aux Génois.

Que la Reine de Hongrie n'avoit p[as] moins succédé aux Etats qu'aux en[ga]gemens de cet Empereur son augus[te] pere; & par conséquent elle se trouvo[it] dans l'obligation d'assurer à la Républi[que] de Gênes la possession du Marqu[i]sat de Final. Que, loin de remplir un[e] obligation si positive, elle avoit arrê[té] par le traité de Wormes que c[e] Marquisat passeroit sous la dominatio[n] du Roi de Sardaigne, qu'elle substituo[it] à ses droits sur ce domaine, comme [s'] il lui en étoit resté quelques-uns. Q[ue] la République n'avoit pû se prêter [à] une convention dont l'exécution l[ui] seroit si préjudiciable à tous égards, & qui donneroit au Roi de Sardaigne [la] facilité de dépouiller Gênes de so[n] commerce; sur-tout les Domaines d[e] la République se trouvant coupés [&] environnés de toutes parts par les an[ci]ens Etats de ce Prince, & par s[es] nouvelles conquêtes.

Que les Génois s'étoient long-tem[ps] flattés que le Roi de Sardaigne, [&] les autres Puissances qui avoient sign[é] le traité de Wormes, auroient ég[ard] aux justes représentations de la Rép[u]blique. Mais frustrés de cette espéra[nce]

..e, voyant que le Roi de Sardaigne avoit fait occuper toutes les avenues de leur Etat, qu'il avoit défendu à ses sujets de leur fournir des vivres, qu'il avoit fait commettre des hostilités sur leur territoire, qu'en dernier lieu il venoit de faire brûler des magasins à Ventimille; la République, dans la nécessité de pourvoir à sa défense, avoit été obligée de s'appuyer des secours des Rois de France, d'Espagne & des Deux-Siciles. Qu'au reste, elle étoit bien éloignée en faisant cette démarche de vouloir donner aucun sujet de mécontentement, ni à la Reine de Hongrie, ni au Roi de la grande Bretagne. Que toujours pleine de respect pour ces deux Puissances, elle desiroit entretenir toujours avec leurs sujets les liaisons d'amitié & de commerce qui subsistoient depuis si long-temps. Que ses engagemens ne consistoient qu'à fournir un corps de troupes auxiliaires aux Puissances qui à ces conditions s'étoient obligées de lui garantir ses Etats.

Quelques protestations que fissent les Génois de vouloir conserver la neutralité avec les Cours de Londres & de Vienne malgré le traité qu'ils venoient de conclure, ils ne pouvoient guères se flatter que cette neutralité subsistât. Le Roi de Sardaigne persistoit dans ses prétentions, & ses alliés dans la résolution de lui tenir leurs promesses. L'opposition des Génois à l'exécution du traité de Wormes irritoit ; & leur traité avec la France & l'Espagne fut regardé comme une suite de leur attachement pour ces Couronnes. Les Ministres de Gênes reçurent à Vienne & à Londres à peu près les mêmes réponses qu'à Turin. Qu'on s'étoit depuis long-temps attendu à la démarche que la République venoit de faire ; qu'elle ne devoit point douter des sentimens ausquels cette démarche l'exposoit ; & qu'elle ne devroit imputer qu'à elle seule les malheurs qui pourroient en résulter.

Leurs préparatifs. Cette réponse ne surprit point les Génois. Ils étoient par-tout en état de défense. Leurs places étoient bien munies, & ils avoient armé les paysans de leurs frontieres. Quelques détachemens Piémontois tenterent en vain d'y pénétrer, & furent toujours repoussés. Les paysans Génois percerent au contraire du côté de Montairolo, firent

...s courses jusqu'aux retranchemens de ...tte place, & jetterent la consterna...on dans les environs d'Orméa.

Mais, quelques précautions que les ...énois eussent prises, il leur étoit difficile de se mettre à l'abri des entreprises de la flote Angloise, qui commença bientôt à répandre l'alarme sur ...utes les côtes de Gênes. Le 25. de ...illet, plusieurs vaisseaux de cette ...ote s'approcherent de Savone, & à ... heures du soir commencerent d'y ...eter des bombes. Le but des Anglois ...oit de brûler quelques vaisseaux Espagnols qui étoient dans le port de la ...lle, & dont plusieurs étoient chargés de poudre. On se hâta de transporter une partie de cette poudre dans les magasins de la place, & l'on jetta le ...ste dans la mer. On travailla ensuite ...lever une batterie dans un lieu avantageux; & cette batterie incommoda ...fort les vaisseaux Anglois, qu'ils furent obligés de se retirer sans avoir ...usé presque aucun dommage.

Mais cette expédition ne jetta pas ...oins de frayeur dans Gênes, où l'on ...regarda comme à la veille d'un bombardement. On se souvenoit encore

An. 1745.

Entreprises de la flote Angloise sur Savone.

On craint un bombardement à Gênes.

des horreurs de celui de 1684. Les frayeurs étoient redoublées par les précautions que les principaux habitans prenoient de faire transporter leurs meubles & leurs effets dans les quartiers les moins exposés. Le Doge lui-même fut un des premiers à faire démeubler son Palais. Beaucoup de Nobles se retiroient à la campagne. Les Religieuses mêmes se disposoient à abandonner leurs couvens. Tout le mois d'Août se passa dans cette agitation, mais on ne négligea pas les préparatifs de défense. On disposa les batteries de la façon la plus propre à éloigner les ennemis. On fit les reglemens les plus sages, pour éviter en cas d'attaque le désordre & la confusion, & prévenir les accidens qui en résultent.

Les Anglois y jettent quelques bombes.

Enfin, le 27. de Septembre, une escadre Angloise de treize vaisseaux parut à la vûe du port de Gênes. Un vaisseau s'en détacha, & s'étant avancé avec deux galiotes, malgré le feu des batteries, les galiotes commencerent à jetter des bombes vers une heure après midi. Comme cette attaque étoit prévûe depuis long-temps, tout se passa dans la ville avec beaucoup d'ordre. Les g

...otes continuerent de jetter des bombes toute la nuit : mais voyant qu'aucune n'étoit parvenue jusqu'à la ville, & que le feu des batteries les incommodoit beaucoup, elles se retirerent, & rejoignirent l'escadre qui disparut. Le lendemain elle s'arrêta devant Final, où elle fit jetter cent soixante bombes : mais il n'y en eut que quatre qui porterent, & le dommage fut très-peu considérable. Elle alla ensuite se présenter devant San-Rémo. Les habitans étoient peu attachés à la République. Ils s'étoient fréquemment soulevés, & leurs mécontentemens paroient encore. Ils ne songerent donc pas à se défendre, quoiqu'ils eussent près de trente pieces de canon, dont douze étoient de trente-six livres de balles. Avec cette artillerie, ils étoient en état de forcer les Anglois de se tenir assez éloignés pour ne leur pas faire grand mal. Mais ils crurent mieux faire d'envoyer offrir au Commandant de l'escadre de l'eau & des rafraîchissemens, s'il en avoit besoin. Ils n'en furent pas quittes à meilleur marché. Le Commandant Anglois rejetta leurs offres ; & s'étant approché autant qu'il jugea à

An. 1745.

Ils bombardent Final & San-Rémo.

propos, coula à fond trois bâtiments q[ui]
étoient dans le port, en prit cin[q,]
jetta sur la ville près de six mille bo[m]bes qui l'écraserent, & tira contr'el[le]
plus de deux mille coups de cano[n.]
Ceux des habitans qui avoient désa[p]prouvé le parti qu'on avoit pris fire[nt]
de piquans reproches aux autres, [ils]
en vinrent aux mains. Ainsi les habita[ns]
de San-Rémo furent doublement pun[is]
de la mauvaise volonté qu'ils témoi[g]nerent aux Génois dans cette occasi[on]
sans en avoir retiré aucun avantage.

Les troubles de Corse étoient t[out]
au plus assoupis. Les ennemis de la Rép[u]blique, qui ne cherchoient que l'occ[a]sion de lui donner de nouvelles pre[u]ves de leur ressentiment, ne manqu[e]rent pas de les réveiller. Une escad[re]
Angloise parut dans le mois d'Octob[re]
sur les côtes de la Balagna, & y m[it]
à terre quelques Officiers Corses [&]
Génois employés dans les troupes [du]
Roi de Sardaigne, du nombre desqu[els]
étoit Dominique Rivarola, cha[rgé]
d'offrir des secours aux mécontens [de]
la part du Roi de Sardaigne & des A[n]glois. Rivarola, Génois de nation, [étoit]
Colonel au service du Roi de Sardaig[ne]

Ils réveillent les troubles de Corse, où ils transportent Rivarola.

avoit eu en 1744. la permiſſion de paſſer en Corſe & d'y lever un Régiment pour ce Prince. Il y avoit dès-lors pratiqué des intelligences. Il fut donc bien reçu des Corſes : ſes propoſitions furent acceptées; & il concerta un projet ſur la Baſtie, que les Rébelles ſe préparerent à attaquer, ſitôt que la flote Angoiſe paroîtroit pour les ſeconder.

Ils ne furent pas long-temps ſans l'appercevoir. Le 17. de Novembre, onze vaiſſeaux Anglois, & quatre galiotes à bombes, s'approcherent de cette place, qui fut ſur le champ bloquée par cinq mille mécontens ayant Rivarola à leur tête. Mr. Juſtiniani n'y commandoit plus. Mr. Eſtienne Mari, nommé pour lui ſuccéder, y étoit arrivé depuis peu. Le Commandant de l'Eſcadre Angloiſe fit ſommer le nouveau Commiſſaire Général, de remettre la ville aux mécontens, menaçant de la réduire à cendres, s'il s'obſtinoit à réſiſter. Mr. Mari refuſa de ſe rendre; les galiotes Angloiſes commencerent auſſitôt à jetter des bombes, & continuerent le lendemain. La ville fut bientôt qu'un monçeau de ruines. Mr. Mari, après avoir eſſuyé plus de ſept

AN. 1745.

Priſe de la Baſtie par les Rébelles ſecondés par la flote Angloiſe.

Tome III. N

cents bombes, un nombre prodigie[ux] de coups de canon, voyant toutes [ses] défenses ruinées, prit le parti d'aba[n]bonner la place, * & se retira avec [sa] garnison, qu'il distribua dans Calvi [&] dans Ajaccio, où il s'attendit à êt[re] bientôt attaqué.

Conduite de Rivarola, nouveau Chef des Rébelles.

Rivarola entra dans la Bastie, [&] affecta pour les habitans tous les mén[a]gemens possibles. Il empêcha le pilla[ge] & le désordre. Il poussa la modératio[n] jusqu'à faire dresser un inventaire exa[ct] de tout ce qui étoit dans le palais [du] Commissaire Général, & dans les m[a]gasins de la République, sans perme[t]tre aux mécontens de s'en rien appr[o]prier. Il étoit resté dans la ville que[l]ques Officiers & quelques soldats G[é]nois; il les exhorta à se ranger de [son] parti. Tous le refuserent, à l'excepti[on] d'un Officier Suisse, marié à une f[ille] Corse. Rivarola ne les maltraita poi[nt], mais il les retint prisonniers, pour [se] servir d'ôtages, & lui répondre d[e la] vie de ses deux fils qui étoient à Gên[es] & qu'il savoit que le Sénat avoit [fait] arrêter. Le 3. de Décembre il fit ran[ger] les habitans de la Bastie dans la pri[ncipale]

* Le 20 de Novembre.

pale rue, & leur ayant fait jurer de ne point rentrer sous l'obéissance de la République, il fit sur le champ arborer les armes de Corse sur le donjon du château.

AN. 1745.

Deux jours après quatre vaisseaux de Guerre Anglois arriverent à la Bastie. Le Commandant & quelques Officiers en descendirent; & l'on tint un Conseil de Guerre, dans lequel il fut résolu que les mécontens feroient le plutôt qu'il seroit possible les sieges de Calvi & d'Ajaccio, & que les Anglois les conduiroient par mer. Rivarola se disposa à exécuter ce projet, & les Anglois se préparerent à l'aider de toutes leurs forces.

AN. 1746.

Rivarola ne trouvoit cependant pas dans les Corses des dispositions aussi favorables qu'il l'avoit espéré. Beaucoup de ces insulaires demeuroient constamment attachés à la République. Divers districts de la Balagna refuserent de se joindre aux Rébelles. Plusieurs Seigneurs Corses offrirent au Commissaire Général d'armer leurs vassaux; & Luc Ornano, autrefois l'un des principaux Chefs des mécontens, leva pour le service des Génois un Régiment de douze

Une grande partie des Corses reste attachée aux Génois.

N ij

cents hommes. D'un autre côté la République ne cessoit d'envoyer à Calvi, Ajaccio, à San-Bonifacio, des vivres des armes, des munitions, pour réparer la perte des magasins de la Bastie. Mr. Mari, qui s'étoit retiré à Calvi, mit cette place en état de ne rien craindre & y fit pratiquer des soûterrains à l'épreuve de la bombe, afin que les habitans & la garnison pussent se mettre à couvert, quand même les Anglois détruiroient toutes les maisons.

Prise de quelques Postes par les Rébelles.

Les mécontens ne laissoient cependant pas de faire quelques progrès. Ils s'étoient emparés de San-Fiorenzo & de San-Pellégrino. La garnison de ce dernier poste ne consistoit qu'en trente hommes, qui avoient eu la liberté de se retirer, à condition de ne plus porter les armes pour la République. Le poste d'Algaïola étoit aussi menacé; & Mr. Mari avoit le dessein de l'abandonner après en avoir démoli les fortifications: mais les habitans de cette petite ville parurent de si bonne volonté, & firent de si belles promesses de se bien défendre, qu'il ne crut pas devoir s'y opposer. Algaïola est une petite ville située à douze lieues du Gol-

[...]e de San-Fiorenzo, & à trois de Cal[vi]: elle avoit été fermée d'une bonne [m]uraille, & défendue par trois bastions: [l]es Rébelles l'avoient prise dans le com[m]encement des troubles, & l'avoient [p]resque entierement détruite: les Gé[n]ois s'y étoient rétablis depuis dans un [b]astion; & les François, à leur arrivée [e]n Corse, en avoient relevé les murs.

An. 1746.

Tandis que ces choses se passoient [d]ans la Corse, les Génois ne cessoient [d]e se tenir sur leurs gardes dans leurs [a]utres domaines. La plûpart des trou[p]es qu'ils avoient envoyées en Lombar[d]ie étoient revenues en quartier d'hy[v]er sur leur territoire. Ils s'occuperent [n]on seulement à les rendre complettes, [m]ais à les augmenter par de nouvelles [l]evées. Ils les répartirent dans les en[d]roits les plus exposés aux courses des [P]iémontois, sur tout vers Savonne & [F]inal. Un détachement des troupes du [R]oi de Sardaigne ayant voulu faire une [t]entative sur Castel-Franco, situé sur [l]es hauteurs de San-Rémo, deux mille [h]ommes des troupes de la République [...] marcherent, & non seulement re[p]ousserent ce détachement; mais, pro[fi]tant de leur avantage, s'avancerent

Préparatifs de défense dans l'état de Gênes.

Piémontois repoussés.

jusqu'à Pigna, qu'ils pillerent, après en avoir chassé quatre cents hommes. Les autres courses des troupes Piémontoises sur le territoire de Gênes ne furent gueres plus heureuses. Pendant que les Génois défendoient si bien leurs frontieres contre les efforts du Roi de Sardaigne, Mr. de Maillebois couvroit leur Etat du côté de Novi avec un corps de troupes Françoises, & les mettoit à l'abri des entreprises des Autrichiens.

Les habitans de la Bastie chassent les Rébelles de leur ville.

Les choses n'étoient pas en si bon ordre dans l'Isle de Corse. La confusion y étoit extrême. Les Insulaires divisés en deux partis étoient souvent aux mains, & désoloient l'intérieur du pays. Les Génois renfermés dans Calvi, dans Ajaccio, & dans San-Bonifacio, s'attendoient à tout instant à voir paroître les galiotes Angloises, qui se réparoient à Livourne. Les vaisseaux Anglois se faisoient voir assez souvent; mais, forcés par les vents violents ou contraires de s'éloigner des côtes, ils ne formoient aucune entreprise. Peu à peu leur inaction décrédita le parti de Rivarola. Comme il avoit laissé une très-foible garnison dans la Bastie, les habitans de cette ville la chasserent, arrêterent plusieurs des principaux Citoyens qui avoient favorisé Rivarola, & députerent Calvi pour informer Mr. Mari de ce qu'ils venoient de faire en faveur de la République, & pour demander une garnison suffisante pour les mettre à l'abri de la vengeance des Rébelles.

AN. 1746.

Le Sénat de Gênes informé de la bonne volonté des habitans de la Bastie, & au même temps du besoin qu'ils avoient de secours, balança quelque temps si les circonstances où se trouvoit la République permettoient de faire passer des troupes en Corse : mais l'intérêt de ces fideles habitans l'emporta, & on leur envoya les renforts qu'ils demandoient. Il leur étoit arrivé aussi quelques détachemens des garnisons d'Ajaccio & de Calvi, qui leur avoient servi à soutenir les efforts des Rébelles, par lesquels ils avoient été assiégés de nouveau. La nuit du 13. au 14. de Mars, ils avoient essuyé un furieux assaut en cinq endroits différens, & avoient repoussé les Rébelles à toutes leurs attaques. Renforcés par le secours venu de Gênes, ils firent le 10. Avril une vigoureuse sortie; & les assiégeans, chassés de presque tous leurs postes,

On leur envoie des secours, & ils repoussent les Rébelles qui les assiégeoient de nouveau.

AN. 1746.

Punition de Gentilé & de quelques autres.

désespérant de se maintenir dans ceux qui leur restoient, décamperent la nuit suivante, & se retirerent dans les montagnes.

Sitôt que la Bastie fut libre, on en fit partir pour Gênes ceux que les habitans avoient arrêtés pour avoir favorisé Rivarola. Ils étoient au nombre de vingt-six ; & parmi eux étoit le Major Gentilé, qui avoit déjà eu part aux révoltes précédentes, qu'on avoit tenu pour cela renfermé pendant dix ans dans la tour de Gênes, & à qui on venoit, en faveur de la derniere amnistie, d'accorder la liberté, qui ne lui servit qu'à hâter sa perte. Il fut puni de mort avec plusieurs autres complices de sa rébellion. La nouvelle de leur supplice causa quelque émeute à la Bastie. Leurs parens & leurs amis remuerent, & prirent même les armes ; mais ils étoient en trop petit nombre pour être redoutables. Plusieurs sortirent & se rendirent auprès de Rivarola ; les autres pour leur propre sûreté furent contraints de demeurer tranquille.

Le parti de Rivarola se décrédite.

Depuis que les Rébelles n'étoient plus secondés par la flote Angloise, rien ne leur réussissoit, & leur parti s'affoi-

...ssoit de jour en jour. On arrêtoit à ...ut instant leurs partisans secrets. Mr. ...ariotti, Evêque de Sagone, fut de ce ...ombre. On le transféra à Gênes, où il ...t enfermé dans la Tour. Ils avoient ...mé une felouque, & leurs Chefs ...oient donné au Corse qui la comman-...it une patente qui lui enjoignoit de ...urir sur les Génois. Cette felouque ...t prise par une galiote de la Répu-...ique, & les Corses ou Génois qui s'y ...ouverent furent pendus. Rivarola ...anquoit d'argent, & ne se soutenoit ...e par les contributions qu'il faisoit ...iger dans les environs de San-Fio-...nzo où il s'étoit retiré. Il recevoit de ...mps en temps des munitions de guer-...h des vaisseaux Anglois, qui prenoient ...s rafraîchissemens en échange. On ...i en envoyoit aussi de Livourne : mais ...ois felouques, parties de ce Port pour ...i en apporter, furent prises par les ...énois. Ces bâtimens étoient Napoli-...ains, & ils avoient agi positivement ...ontre la défense que le Roi des deux ...ciles avoit faite à ses sujets d'avoir au-...un commerce avec les Rébelles. Aussi ...e Prince ne les fit-il point réclamer.

Rivarola en arrivant dans la Corse

An. 1746.
Réponse des Génois aux écrits qu'il avoit répandus.

avoit répandu plusieurs écrits au nom du Roi de Sardaigne & de la Reine de Hongrie, dont le but étoit d'exciter les Peuples de cette Isle à la révolte, en les assurant de la protection & des secours efficaces de ces deux Puissances. On affectoit d'y compatir aux prétendus griefs des Corses, pour avoir occasion de les exagérer ; & l'on y parloit dans les termes les moins mesurés de la conduite de la République, soit à l'égard de ses sujets, soit par rapport au parti qu'elle avoit pris d'accepter les secours de la France & de l'Espagne.

La République fit de son côté publier un Déclaration, où elle protestoit que l'ebjet de ces écrits étoit si scandaleux, & les termes si peu mesurés, qu'elle n'y pouvoit reconnoître le style des deux Puissances respectables dont on leur faisoit porter les noms. Que l'on y violoit les bienséances & les égards qu'on devoit même à ses ennemis. Qu'on y avoit pour but de corrompre la fidélité des légitimes sujets de Gênes ; & que sans doute aucun Souverain ne devoit être soupçonné d'approuver un procédé d'un si dangereux exemple.

Descendant ensuite dans le détail

reproches que ces écrits faisoient à la République, elle prouvoit qu'elle avoit observé durant la guerre d'Italie la plus impartiale neutralité, jusqu'à ce que l'obligation indispensable où elle s'étoit trouvée de défendre des Etats dont on la vouloit dépouiller par le dernier Traité de Wormes, l'eût contrainte malgré elle de prendre un autre parti. Enfin elle faisoit voir que les Cor[ses] n'avoient aucun juste sujet de se plaindre d'elle; que non seulement elle avoit exécuté les conventions & les promesses qu'elle avoit faites en leur faveur, mais qu'elle avoit même augmenté considérablement les concessions qu'elle leur avoit faites sous la garantie du feu Empereur Charles VI. & du Roi de France. Qu'au reste il n'appartenoit à personne de s'ériger en Juge entre ses sujets & elle.

Dans le même temps le Roi de France fit publier aussi, au sujet de ces mêmes écrits, une Déclaration qui ne pouvoit manquer de faire une puissante impression sur les Corses. Il faisoit voir que les Cours de Vienne & de Turin ne pouvoient fomenter la révolte de ces Insulaires, sans blesser la justice & le

An. 1746.

Déclaration de la France au sujet de ces écrits.

droit des gens. Que la Reine de Hongrie en particulier ne pouvoit le faire sans manquer d'égards pour la mémoire du feu Empereur son pere, qui avoit garanti la possession de la Corse à la République de Gênes. Il faisoit remarquer ensuite que jamais il n'avoit traité en ennemis déclarés les Puissances qui avoient fourni des secours à la Reine de Hongrie; au lieu que cette Princesse & le Roi de Sardaigne exerçoient contre les Génois les vexations les plus illégitimes, par la seule raison qu'ils étoient ses Alliés. Il ajoûtoit que ces motifs le déterminoient à donner aux Corses fideles de nouvelles assurances de sa protection, & il déclaroit que son intention étoit de soutenir par tous les moyens convenables l'autorité de la République de Gênes sur l'Isle de Corse, de l'aider à y rétablir la subordination, & à faire rentrer dans le devoir ceux qui, seduits ou excités par les Cours de Turin & de Vienne, avoient osé s'en écarter. Cet écrit répandu à propos produisit l'effet qu'on s'en étoit promis. Les Corses fideles demeurerent plus que jamais attachés aux intérêts de la République, & plusieurs de

Rebelles quitterent ce parti qu'ils dé-
pérerent de pouvoir long-temps fournir.

Mais peu de temps après les espérances des Corses Rébelles se releverent
sur les malheurs dont les Génois se trouverent tout à coup accablés. Les premiers succès des armes de France &
d'Espagne sembloient avoir mis Gênes
à l'abri de toutes craintes de la part du
Roi de Sardaigne & de la Reine de
Hongrie : mais ces succès furent suivis
de revers inattendus, dont les causes &
les détails ne sont point de mon sujet.
Les alliés de la République perdirent
leurs conquêtes en Italie avec la même
rapidité qu'ils les avoient faites. Le
Maréchal de Maillebois, qui par sa position le long de la Scrivia couvroit
l'Etat de Gênes du côté de Novi, eut
ordre le 6. de Juin de réunir son corps
de troupes à l'armée de Dom Philippe,
qui avoit formé le dessein d'attaquer
l'armée Autrichienne. Mr. de Maillebois partit le 9. & joignit le Prince.
Le 16. leurs troupes combinées marcherent aux ennemis campés à San-
Lazaro : elles furent battues, & forcées de se retirer sous Plaisance.

Les troupes de France & d'Espagne se retirent d'I-talie.

AN. 1746.

Le Roi de Sardaigne entre sur les terres des Génois.

Le départ de Mr. de Maillebois o[u]-vroit au Roi de Sardaigne le territo[ire] de la République. Ce Prince ne tar[da] pas à en profiter, & se porta à Novi av[ec] cinq mille hommes. Novi étoit une p[la]ce sans défense. Les principaux ha[bi]tans, qui s'étoient attendus à voir bie[n]tôt les ennemis chez eux, s'étoient sa[u]vés avec leurs meilleurs effets, dès qu'[ils] avoient su que les François se disp[o]soient à se retirer. Mais il fallut pay[er] de fortes contributions. La ville [fut] taxée à deux cents mille livres de P[ié]mont, & les châteaux des environ[s à] une pareille somme. On exigea rig[ou]reusement le payement, & l'on fit v[en]dre les meubles qui se trouverent da[ns] les châteaux dont les Seigneurs étoi[ent] absens.

Il fait attaquer Zeuccarello & Castel-Vecchio.

Tandis que le Roi de Sardaigne a[gis]soit de ce côté, le Marquis Philip[pe] Carretto, avec un détachement de l'[ar]mée Piémontoise, eut ordre de s'emp[a]rer de Castel-Vecchio & du Zucca[rel]lo. Il s'avança pour cet effet le 21 [de] Juillet vers le bourg de Cisano, q[u'il] surprit & qu'il pilla. Le lendema[in il] détacha une partie de ses troupes p[our] s'emparer de Castel-Vecchio, & [il]

cha lui-même vers Zuccarello, qu'il attaqua avec beaucoup de vivacité par trois endroits à la fois. Mr. Saoli, qui commandoit à Albenga, envoya aussi-tôt Mr. Astengo au secours de ces deux postes, avec quelques piquets, & toutes les milices qu'on put rassembler.

Le Bourg de Zuccarello avoit été forcé en un instant, & le château s'étoit rendu presqu'aussi-tôt, la garnison ayant accepté d'en sortir avec les honneurs de la guerre. Le Marquis Carretto y étoit entré avec une partie de son détachement ; le reste n'étoit composé que des milices du Piémont, qui s'étoient dispersées dans les environs, où elles s'occupoient à piller. Tel étoit l'état des choses lorsque Mr. Astengo arriva. Le petit corps qu'il commandoit étoit inferieur à celui du Marquis de Carretto : mais les Piémontois étoient pour la plûpart débandés. Il crut pouvoir profiter de ce désordre, & de la surprise que son arrivée devoit causer aux ennemis, qui ne s'y attendoient pas. Il forma le projet hardi, non seulement de reprendre Zuccarello, mais d'y faire prisonniers ceux qui venoient de s'en emparer.

An. 1746.

Issue de cette expédition.

An. 1746.

Il n'eut pas de peine à diffiper l[es] milices répandues dans la campagne. [Il] fit enfuite occuper toutes les hauteu[rs] voifines du Château, & fomma le Ma[r]quis de Carretto de fe rendre à difcré[-]tion. Le Marquis étoit fort embarraff[é.] Il n'étoit rien moins qu'en état de fo[u]tenir un fiege. Il ne lui reftoit d'autr[es] reffources que de s'ouvrir un paffag[e] l'épée à la main. Il tenta de le faire[,] mais il fut fi vivement repouffé, qu[il] fentit bien l'impoffibilité d'y réuffir. [Il] fut donc contraint de fe rendre prifo[n]nier avec vingt Officiers & près [de] quatre cents Soldats. Telle fut l'iff[ue] de la tentative des Piémontois fur Zu[c]carello. Cette affaire fit un honneur i[n]fini à Mr. Aftengo. Les ennemis [ne] réuffirent pas mieux à Caftel-Vecchi[o,] qui n'eut pas befoin d'être fecour[u.] Mr. Franchi, qui le défendoit, fit [fur] eux quelques forties fi vigoureufe[s,] qu'il les força d'abandonner cette a[t]taque.

L'Armée de France & d'Efpagne tente envain de couvrir l'état de Gênes.

Quelque glorieux que fuffent c[es] avantages pour les Génois, ils étoie[nt] peu importans en eux-mêmes, & [ne] diminuoient ni les inquiétudes ni l[es] dangers. L'armée combinée de Fran[ce]

An. 1746.

[...]d'Espagne s'étoit rapprochée de [Se]rravallé, & s'étoit campée entre ce [Ch]âteau & Gavi, dans le dessein de [co]uvrir l'Etat de Gênes: mais cet objet [de]vint d'une exécution impossible, dès [que] l'armée de la Reine de Hongrie se [fu]t réunie à celle du Roi de Sardaigne. [D]om Philippe, trop inferieur en forces, [fu]t contraint de prendre le parti de se [re]tirer. Il tint à Gênes le 24. d'Août [un] grand conseil de guerre, auquel as[sis]terent le Duc de Modene, le Maré[ch]al de Maillebois, le Marquis de la [Mi]na, & le Comte de Cécile, Gé[ne]ral en Chef des troupes Génoises de[pu]is que Mr. Brignolé, qui les com[m]andoit la campagne précédente, avoit [été] nommé Doge. Il y fut résolu que [l'ar]mée combinée n'avoit de meilleur [ob]jet à suivre que de retourner vers [les] frontieres de la Provence. Cette ré[sol]ution, qui fut sur le champ exécutée, [lais]soit les Génois à la discrétion de la [Re]ine de Hongrie: mais ils n'étoient [poi]nt directement en guerre avec cette [Pu]issance. Leurs engagemens avec ses [en]nemis se bornoient à leur fournir un [co]rps de troupes auxiliaires. Après la [re]traite des armées de France & d'Es-

Tome III.   O

AN. 1746.

Après sa retraite les Autrichiens marchent vers Gênes.

pane, l'Etat de Gênes sembloit n[e] devoir plus servir de théatre à la guerre[,] cependant il en éprouva toutes les ho[r]reurs.

Dès le 20. du Mois d'Août les A[u]trichiens s'étoient emparés de Sar[ra]vallé : le château s'étoit rendu le le[n]demain : Gavi fut pris peu de jours apr[ès] & tandis qu'on formoit le siege de [la] citadelle, le Marquis de Botta, Co[m]mandant de l'armée Autrichienne, fo[r]ça successivement plusieurs défilés q[ui] se trouverent sur sa route en avança[nt] vers Gênes, & s'empara le 1. de Se[p]tembre de l'important passage de la B[o]chetta. Il exigea partout des contrib[u]tions rigoureuses : ses troupes irréguli[è]res bruloient les maisons, saccageoie[nt] les villages, & laissoient dans tous [les] lieux où elles passoient des traces [de] cruauté & de fureur. Les habitans d[e la] campagne arrivoient de toutes part[s à] Gênes, transportant avec eux le[urs] meilleurs effets, & redoubloient d[ans] cette ville déja alarmée les frayeurs [&] la confusion.

La République, hors d'état de pren[dre] d'autre parti que celui de la soumissi[on,] songea à arrêter le cours des hostili[tés] quelque prix que ce fût. Elle députa * quatre Sénateurs vers le Marquis de Botta, campé pour lors à Lagnasco. Ils exposerent à ce Général le sujet de leur députation dans les termes les plus respectueux & les plus soumis. Il leur répondit obligeamment; & le lendemain, on convint d'une capitulation provisionelle, dont les principaux articles étoient :

AN. 1746.
La République capitule avec le Marquis de Botta.

Qu'on remettroit aux Troupes de la Reine de Hongrie les portes de la ville de Gênes; que la garnison seroit prisonniere de guerre; que tous les François, Espagnols, ou Napolitains, qui se trouveroient dans la ville ou dans les Fauxbourgs, seroient remis aux Autrichiens. Qu'on leur remettroit aussi tous les effets appartenans aux troupes de ces nations, toute l'artillerie de la ville, toutes les munitions de guerre, & tout ce qui appartenoit à la subsistance & à l'entretien des troupes de la République.

Que les vaisseaux alliés de la Reine de Hongrie auroient toute liberté d'entrer dans le port de Gênes ou d'en sortir. Qu'aucuns sujets ou soldats de la République ne pourroient servir durant

* Le 5. de Septembre.

AN. 1746. toute la guerre contre la Reine ou ses alliés. Que la citadelle de Gavi (qui étoit encore assiégée) auroit ordre de se rendre, & que la garnison seroit prisonniere de guerre. Que tous les prisonniers des troupes de la Reine ou de ses alliés, qui étoient entre les mains des Gênois, seroient sur le champ mis en liberté. Que tant que dureroit la présente guerre, tous les Etats & toutes les places de la République donneroient libre passage aux troupes de la Reine dans toutes les occasions.

Que les Gênois payeroient sur le champ cinquante mille Génuines, pour être distribuées aux troupes Autrichiennes à titre de gratification, indépendamment des contributions dont on conviendroit. Que le Doge & six Sénateurs partiroient dans l'espace d'un mois pour aller à Vienne implorer la clémence de la Reine. Qu'enfin quatre Sénateurs se rendroient à Milan, pour servir d'ôtages, & y rester en cette qualité, jusques à ce qu'il leur fût permis par la Cour de Vienne de retourner dans leur patrie. A ces conditions le Marquis de Botta s'engageoit de faire cesser toutes les hostilités, d'obliger ses

...oupes de payer toutes choses argent ...mptant, & de leur faire observer la ...us exacte discipline.

An. 1746.

En exécution de cette convention le ...énéral Nadasti s'étant présenté de- ...nt Gênes le 7. de Septembre à la tête ... l'avantgarde de l'armée Autrichien- ..., on lui remit les portes de la Lan- ...ne & de saint Thomas, dont il prit ... le champ possession ; la citadelle de ...vi se rendit en conséquence de l'or- ... du Sénat ; & la République se ...osa à exécuter avec la même exacti- ...e les autres conditions de la capitu- ...on, quelques dures qu'elles fussent. ...rès une résignation si entiere aux ...ontés de la Reine de Hongrie, les ...nois avoient lieu de s'attendre que ...e Princesse les traiteroit avec mé- ...ement. Mais ils s'apperçurent bien ...qu'on étoit résolu de les écraser. ... commença par exiger d'eux une ...tribution de vingt-quatre millions, ...t le tiers devoit être payé comptant, ...e reste avant la fin du mois. Les ...ésentations furent inutiles: il fallut ...mencer par payer le premier tiers, ... préparer à acquitter les deux au- ... incessamment. Les prétentions de

Les Autrichiens maîtres de Gênes.

166 HIST. DES REVOL.

AN. 1746. la Reine ne se bornerent pas là: elle demanda que les Génois habillassent trente mille hommes de ses troupes; qu'ils lui remissent les pierreries sur lesquelles elle leur avoit fait de gros emprunts quelques années auparavant.

Leurs vexations, & les contributions qu'ils imposent.

Cependant l'état de Gênes étoit inondé de troupes ennemies. Elles s'étendoient depuis Novi jusqu'à Gênes & à la Spezza. Loin qu'elles observassent une discipline exacte, comme le Marquis de Botta l'avoit promis, elles commettoient par tout mille désordres, exerçoient mille vexations; & leurs Officiers ne prenoient aucunes mesures pour les contenir. La côte occidentale de cet Etat n'étoit gueres mieux traitée par les troupes Piémontoises qui s'y étoient répandues. Le Roi de Sardaigne s'étoit porté de ce côté là. Il étoit entré le 9. de Septembre dans Savonne, dont la garnison s'étoit retirée dans le château, qu'il avoit sur le champ fait bloquer. Final & ses forts capitulerent le 16. & les troupes qui y étoient se rendirent prisonnieres de guerre. Les armées de France & d'Espagne se retiroient toujours, évacuant successivement les places où elles

Les Piémontois s'emparent de la côte occidentale de l'état de Gênes.

[...]ient mis garnison. Elles laisserent ce-
[...]ndant environ trois cents hommes
[...]ns le château de Ventimille, & se
[dis]poserent à repasser le Var. Ainsi le
[Ro]i de Sardaigne recouvra sans coup
[fér]ir tout le Comté de Nice, & se vit
[ma]ître de toute la côte occidentale de
[l'É]tat de Gênes, si l'on en excepte le
[ch]âteau de Ventimille, & la citadelle
[de] Savone, qu'il comptoit soumettre
[bie]ntôt. Regardant tout ce pays com-
[me] sa conquête, il déposséda de leurs
[em]plois tous les Magistrats que la Ré-
[pu]blique y avoit établis, & les rempla-
[ça] par des Piémontois.

Les Génois dans la derniere désola- *Les Génois*
[tio]n cherchoient à intéresser en leur *implorent la*
[fav]eur les Cours amies de celle de *protection de*
[Vie]nne. Ils peignoient leurs malheurs, *diverses*
[& j]ustifioient leur conduite ; mais ils *Cours auprès*
[tire]rent peu de fruit de la pitié qu'ils ins- *de la Reine*
[pir]erent. Mr. de Villa-Vecchia, char- *d'Hongrie.*
[gé] de leurs affaires à la Haye, adressa
[aux] Etats généraux, le 27. de Septem-
[bre], un Mémoire fort touchant. Il y
[exp]osoit que les malheurs de la Répu-
[bli]que de Gênes n'étoient point la sui-
[te] de projets ambitieux & injustes ; que
[ses] maximes étoient les mêmes que cel-

An. 1746.

les que les Etats généraux avoient suivies, & que les Génois en avoient d'autant plus de droit à leur protection; que leurs maux n'étant point soulagés ne pourroient fournir que de funestes exemples dans les fatalités de la guerre; que l'équilibre de l'Europe exigeoit la conservation de la République de Gênes; que les Puissances maritimes, & la Hollande en particulier, avoient intérêt qu'on restituât dans ses droits & sa liberté cet ancien asyle du commerce de la Méditerrannée. Il finissoit en suppliant les Etats généraux d'employer leurs bons offices, pour engager la Reine de Hongrie à modérer ses prétentions. Il obtint effectivement leur recommandation à la Cour de Vienne, mais on ne s'apperçut point qu'elle produisît aucun effet.

Les Génois ne tirerent pas plus d'avantages de leurs sollicitations à la Cour de Londres. Ils y représenterent en vain que le danger pressant dont leur liberté étoit menacée, sans que des représentations réitérées eussent pû le détourner, avoit été la seule cause qui leur avoit forcés à fournir aux ennemis de la Reine de Hongrie un corps de troupes auxiliaires;

auxiliaires ; que l'exemple de plusieurs autres Etats les avoit autorisés à croire qu'une pareille démarche n'étoit point incompatible avec la neutralité ; que leur infortune étoit d'autant plus digne de compassion, qu'elle étoit moins méritée. Les Anglois furent peu sensibles à ces raisons, ils avoient eux-mêmes contribué à accabler les Génois, & leurs vaisseaux n'avoient cessé depuis quelque temps de troubler l'Isle de Corse, que pour seconder les opérations de l'armée du Roi de Sardaigne dans la partie occidentale de l'Etat de Gênes. Les démarches des Génois auprès de quelques autres Puissances ne furent pas plus efficaces ; presque par tout on les plaignit, on s'intéressa pour eux, on sollicita en leur faveur : mais la Reine de Hongrie ne s'attendrit point.

AN. 1746.

On exige des contributions outrées.

Il fallut payer le second tiers de la contribution de vingt-quatre millions qu'elle avoit imposée. Les fonds de la Banque de Saint Georges avoient été employés, les ressources publiques étoient épuisées ; on avoit pris jusqu'à l'argenterie des Eglises pour fabriquer de nouvelles espèces. Le Marquis de Botta pressoit cependant d'acquitter le

Tome III. P

reste de la contribution. On allégua l'impuissance la plus réelle: mais, sans y avoir égard, le Général Autrichien exigea qu'on se conformât sans délai aux volontés de la Reine. Le seul adoucissement qu'on obtint fut que les quittances des sommes que cette Princesse avoit empruntées des Génois seroient passés en compte; mais elle refusa absolument de recevoir en payement le fonds qu'ils avoient placés en Allemagne. Il étoit impossible aux Génois d'exécuter ce qu'on leur prescrivoit. Le Marquis de Botta menaça d'une exécution militaire; & l'on ne voyoit aucun moyens de l'éviter. Cette extrémité parut si prochaine, que les principaux Citoyens de Gênes firent transporter leurs meilleurs effets dans les maisons Religieuses.

Suites de ces traitemens rigoureux.

Les habitans de la campagne n'étoient pas plus ménagés que ceux de la capitale. Aux contributions que les Officiers exigeoient d'eux, se joignoient encore les vexations & les désordres du soldat. Les Commandans Autrichiens se plaignirent au Sénat que leurs soldats ne pouvoient s'écarter sans courir risque de la vie, & demandèrent qu' les paysans fussent désarmés. Soit que ces plaintes eussent un sujet réel, soit qu'elles ne fussent qu'un prétexte, le Sénat résolut jusqu'au bout de montrer en tout sa complaisance pour la Reine. Il envoya des Commissaires pour désarmer les paysans. Mais l'autorité de ces Commissaires fut trop peu respectée, ou peut-être leur zele trop foible; & le désarmement n'eut point lieu.

AN. 1746.

Tant de complaisances & de soumissions de la part du Sénat ne rendoient point la Reine d'Hongrie plus favorable aux Génois. Le Marquis de Botta déclara que ses troupes passeroient l'hyver sur le territoire de la République, & qu'il faudroit leur fournir des subsistances. Le bois étoit devenu extrêmement rare; & l'on craignoit fort que les Autrichiens, venant à en manquer, ne coupassent les oliviers; nouveau sujet d'allarmes pour les Génois. La Reine leur fit cependant faire des propositions amiables; mais elles n'étoient rien moins que propres à les rassurer.

Elle leur fit offrir de leur garantir leurs Etats, à condition qu'ils feroient avec elle une alliance offensive & défensive. Le Gouvernement répon-

Propositions amiables de la Cour de Vienne rejettés.

P ij

An. 1746.

dit le plus humblement qu'il lui fut possible, que les Génois ne pouvoient se porter à cette démarche sans s'exposer à des malheurs semblables à ceux qu'ils venoient d'éprouver; que le voisinage de la France leur rendoit le ressentiment de cette Couronne infiniment redoutable; que leur commerce avec l'Espagne étoit le seul bien qui leur restoit, & qu'ils ne pouvoient sans le perdre se conformer aux desirs de la Cour de Vienne; qu'ils se flattoient donc que cette Cour ne trouveroit pas mauvais qu'ils n'acceptassent pas les propositions qu'elle leur faisoit faire.

Quelque sage que fût cette réponse, la Reine en fut irritée. Elle donna ordre au Marquis de Botta d'exiger avec la derniere rigueur le reste des contributions : mais il ne put tirer qu'un compte de deux cents mille Génuines. Plusieurs Puissances intercéderent en vain de nouveau pour les malheureux Génois. Ils implorerent les secours du Ciel; & le Pape leur accorda un jubilé de quinze jours.

Belle défense & prise du Château de Ventimille.

Les François avoit repassé le Var le 18. d'Octobre. L'armée Piémontoise s'en approcha, renforcée d'un corps troupes Autrichiennes. Le Marquis de Botta reçut ordre quelque temps après d'y envoyer encore trente bataillons, pour exécuter le projet d'une invasion en Provence, que la Cour de Vienne concerta; mais dont le succès ne répondit point à ses vastes espérances.

An. 1746.

Avant l'exécution de ce projet, les Piémontois avoient enfin forcé le château de Ventimille à capituler. Mr. Dieffenthaller, Commandant du troisieme bataillon du régiment Suisse de Vigier, avoit été laissé dans ce château avec trois cents soldats seulement. Il ne se rendit qu'après y avoir fait la plus glorieuse défense. Huit jours avant la capitulation, l'intérieur de sa forteresse avoit été tellement ruiné par les bombes des assiégeans, qu'il n'y restoit plus de quoi mettre un seul homme à couvert. Après avoir épuisé ses boulets, il fit déterrer plus de six cents de ceux que les ennemis lui avoient tirés, pour les leur renvoyer. Les assiégeans lui livrerent un furieux assaut quelques jours après; mais il les repoussa, après leur avoir tué près de cinq cents hommes. Enfin ayant cent dix-huit hommes, de sa petite garnison tués ou blessés,

AN. 1746.

voyant la brêche confidérablement agrandie ; lui même étant tombé malade ; il ne voulut pas ternir la gloire d'une fi belle réfiftance par une opiniâtreté condamnable, & fit arborer le Drapeau blanc le 23. d'Octobre à huit heures du foir. Il fut fait prifonnier de guerre avec le refte des braves gens qui l'avoient fi bien fecondé.

Vigoureufe réfolution du Gouverneur de la Citadelle de Savone.

La citadelle de Savone ne fe propofoit pas une défenfe moins vigoureufe. Elle étoit toujours bloquée par les Piémontois depuis le 9. de Septembre : mais on avoit trouvé moyen d'y faire entrer, à diverfes reprifes, des vivres, & quelques troupes. Depuis la convention des Génois avec le Marquis de Botta, par laquelle l'Etat de Gênes fe foumettoit à la difcrétion de la Reine de Hongrie, les Autrichiens, qui avoient quelques détachemens parmi les troupes qui bloquoient la citadelle de Savone, exigerent que le Sénat envoyât au Comandant de cette fortereffe l'ordre de fe rendre : mais cet ordre n'eut point d'effet. Le Marquis Auguftin Adorne, qui le reçut, répondit qu'il s'étoit toujours fait gloire d'obéir à la République tant qu'elle avoit été libre mais que, depuis qu'elle ne l'étoit plus, il ne pouvoit se résoudre à obéir à des ordres dictés par les opresseurs de sa patrie. Il fit aussitôt assembler sa garnison, & déclara qu'il étoit déterminé à s'ensevelir sous les ruines de sa place ; que ceux qui ne se sentoient pas le courage de l'imiter pouvoient sortir.

Charmé de voir que la noblesse de ses sentimens avoit passé dans tous les esprits, il lut un testament qu'il avoit fait, par lequel il instituoit héritier de tous les biens, qui étoient considérables, les femmes & les enfans des Officiers & des soldats de cette brave garnison avec laquelle il étoit résolu de périr sous les débris de sa citadelle. Il distribua sur le champ aux soldats ce qu'il avoit d'argent & d'effets, & ne s'occupa plus que du soin d'assurer par les meilleures dispositions le salut d'une place pour laquelle il venoit en quelque sorte de se dévouer. Le Marquis Adorne est de l'illustre famille de ce nom qui a fourni à Gênes quantité de grands hommes, dont nous avons souvent parlé.

Le Roi de Sardaigne, qui vouloit à quelque prix que ce fût être maître

P iiij

de la citadelle de Savone, désespérant d'y réussir par un simple blocus, se disposoit à la faire assiéger dans les formes, & avoit ordonné d'y employer une artillerie redoutable. Cinquante pieces de canon & vingt-quatre mortiers, qu'on y destina, furent mis en batterie dans les premiers jours de Décembre, & commencerent à la foudroyer. Mais, dans ce même temps, des choses bien plus importantes se passoient à Gênes.

Inflexibilité de la Reine de Hongrie, & désespoir des Génois.

L'inflexibilité de la Reine de Hongrie avoit mis les Génois au désespoir. Le Marquis de Botta en prévit sans doute les suites, & parut les craindre. Les paysans, comme on l'a vû, avoient refusé de se laisser désarmer; le peuple poussé à bout murmuroit sans se contraindre; les esprits étoient dans cette fermentation qui annonce les extrémités violentes: la moindre circonstance pouvoit faire éclater un soulevement, d'autant plus difficile à réprimer, que le plus grand nombre des troupes Autrichiennes s'étoient portées sur le Var. Dans ces circonstances le Marquis de Botta crut devoir prendre des précautions nouvelles. Le 26. de Novembre

se saisit du fort de saint Benigne, situé
sur une hauteur, près du fort de la Lanterne, & y mit une garnison nombreuse : il renforça considérablement
les corps de garde des portes de la ville:
il obligea le Gouvernement de lui envoyer ses principaux Officiers, & leur
fit prêter serment de n'agir ni directement ni indirectement contre les intérêts de la Reine de Hongrie. Quelques
voies de douceur auroient été plus efficaces que toutes ces mesures : mais les
ordres de la Cour de Vienne étoient
toujours rigoureux, & le zele avec
lequel on se portoit à les exécuter ne
s'adoucissoit pas.

Le Sénat s'étoit flaté long-temps
qu'on auroit enfin quelque égard aux réprésentations des Génois, & qu'on leur
feroit quelque diminution sur le reste
des contributions : mais le 30 de Novembre le Comte de Choteck, Commissaire Général des troupes Autrichiennes, communiqua aux Commissaires de
la République un nouveau rescript de la
Reine de Hongrie, par lequel, loin que
cette Princesse fît quelque remise, elle
formoit au contraire des prétentions
nouvelles. Elle refusoit de passer en

compte le bois & le fourrage fournis [à] ses troupes depuis qu'elles occupoien[t] l'Etat de Gênes. Elle demandoit su[r] le champ quatre cents mille livres, po[ur] le rachat des magasins qu'elle avo[it] consenti de restituer à la République[.] Quant à ce qui étoit encore dû des co[n]tributions, elle exigeoit le payeme[nt] d'une partie dans deux jours, & du re[s]te dans un mois.

Le Comte de Choteck décla[ra] qu'il ne laissoit au Génois que ving[t-]quatre heures pour prendre leurs ré[so]lutions sur ce rescript ; qu'il exigeo[it] des cautions de l'exécution de leu[rs] engagemens ; que la Reine prétend[oit] qu'ils se conformassent exactement [à] tous les articles que son rescrit cont[e]noit ; & que le Marquis de Botta avo[it] ordre de les y contraindre. Mais l[es] menaces ne servent qu'à aigrir qua[nd] on n'a plus de malheurs à craind[re.] Ceux des Génois étoient à leur comb[le.] Le peuple surtout, qui n'avoit plus ri[en] à perdre, n'avoit plus de ménageme[ns à] garder. Le bruit se répandoit qu['un] corps de troupes Autrichiennes se d[is]posoit à entrer dans Gênes pour y vi[vre] à discrétion. Que restoit-il à redou[ter]

[...]ore ? Que hazardoit-on à tenter de
[se]couer un joug si dur ? appréhendoit-
[on] de plus grands maux ? devoit on se
[laiss]er écraser sans oser rien entrepren-
[dre] pour sa défense ? Ces discours, répé-
[tés] parmi le peuple, échauffoient les
[espri]ts. Tout étoit disposé au souleve-
[men]t. On n'attendoit qu'une occasion
[ou u]n prétexte : le hazard le fit naître
[au co]mmencement de Décembre.

[Dè]s le premier jour de ce mois, le
[Mar]quis de Botta avoit demandé au Sé-
[nat q]uarante pieces de batterie, pour les
[envo]yer au Comte de Brown qui com-
[man]doit les troupes Autrichiennes desti-
[nées] à l'expédition de Provence. Les
[dem]andes de la Reine de Hongrie
[éto]ient des ordres précis ausquels il
[eût é]té dangereux de s'opposer. D'ail-
[leurs], par la capitulation de Gênes, cette
[Prin]cesse étoit maîtresse de toute l'artil-
[lerie] de cette place. Le Sénat consentit
[donc] à remettre au Marquis de Botta
[l'art]illerie dont il avoit besoin ; & ce
[Gén]éral fit d'abord enlever les douze
[plus] gros canons de la ville, avec quel-
[ques] mortiers. On étoit occupé au trans-
[port] de cette artillerie le 5. de Décem-
[bre,] & l'on conduisoit par une rue

AN. 1746.

étroite un mortier dont l'affût ca[ssa]
L'embarras que causa cet accide[nt]
attira beaucoup de peuple : un Offici[er]
Allemand ayant apperçu un Génois q[ui]
nuisoit au travail, ou qui ne s'y port[oit]
pas avec assez d'ardeur, le frappa de [sa]
canne. Le Génois se jetta sur l'Offici[er]
& lui porta un coup de couteau. [La]
populace, qui s'étoit assemblée, prit pa[rt]
dans cette querelle. Une grêle de pi[er]res tomba sur les Allemands qui cond[ui]soient le mortier. Sept furent dangere[u]sement blessés, les autres s'enfuire[nt].

Dans les dispositions où se trouvoi[ent] les Génois, il n'en falloit pas davan[ta]ge pour exciter une émeute généra[le]. Le peuple courut au Sénat, cri[ant] qu'on lui donnât des armes. Le Sé[nat] n'avoit garde d'adopter aveuglém[ent] de premieres impressions qui p[ou]voient être peu durables, ou mal s[ou]tenues. Il refusa les armes qu'on [de]mandoit, & tâcha de calmer un tum[ul]te qui pouvoit avoir pour l'Etat [les] suites les plus fâcheuses. Mais le peu[ple] animé n'écoutoit déja plus rien. Il [en]fonça les boutiques des armuriers, [for]ça les portes de l'arsenal & des Ma[ga]sins à poudre, & courant de rue en [rue]

...main basse sur les Allemands qu'il ren- An. 1746.
...tra. Le massacre dura toute la nuit.
...s Allemands se réfugierent dans leurs
...tes; & le lendemain les habitans, qui
...ient pris les armes, se disposerent à
...en chasser.

Ce n'étoit plus une simple émeute **Ils attaquent**
...ulaire; c'étoit un soulevement qu'on **les Alle-**
...oissoit vouloir soutenir avec toute la **mands dans leurs postes.**
...ueur possible. Les Génois avoient
...vé une batterie de huit pieces de
...on contre la porte de saint Thomas:
...attaquerent, la bayonnette au bout
...fusil, un poste voisin, où étoient qua-
...compagnies de grénadiers, qui les
...ousserent. Ils ne se rebuterent point,
...recommencerent l'attaque le jour
...ant : * mais le Marquis de Botta
...t renforcé de deux bataillons ce
...te important ; & les Génois furent
...ore repoussés. Cependant ils avoient
...é diverses batteries qui incommo-
...ent fort les Autrichiens : ils avoient
...de bons retranchemens à la tête des
...s ; & si le Marquis de Botta s'étoit
...u'alors maintenu dans ses postes,
...ntoit qu'il ne pourroit y tenir long-
...ps contre tout un peuple. Tout son

Le 7.

espoir étoit que l'ardeur des Génois refroidît peu à peu; & pour donn[er] occasion à leur feu de se rallentir, fit demander * une suspension d'ar[mes] de trois jours.

Il n'en obtint qu'une de trois h[eu]res. Les Gênois ne se conduiso[ient] point comme une populace aveugle [qui] n'a pour regles que le caprice ou la [fu]reur. Leurs attaques étoient bien c[on]certées, leurs projets de défense sa[ge]ment dressés, toutes leurs opératio[ns] bien dirigées. Ils suivoient les avis [des] Chefs habiles qu'ils s'étoient choisis; ils n'avoient garde de sacrifier leu[rs a]vantages par une inaction qui pouv[oit] les perdre. La suspension d'armes [fut] pourtant prolongée jusqu'à la [fin] du jour, par l'entremise du Pri[nce] Doria & de quelques autres Sénate[urs.] On parla d'accommodement. Les G[ê]nois ne s'en éloignoient pas : mais [ils] vouloient avant toutes choses qu[e l'on] leur remît les postes de la porte de [St.] Thomas, & du fort de saint Béni[gne,] & qu'on leur donnât des ôtages p[our] les rassurer contre la vengeance [de la] Reine de Hongrie. Ces propositions [ne]

* La 8.

rent point acceptées, & les hostilités commencerent le lendemain, avec [plus] de vivacité qu'auparavant.

Les Sénateurs s'étoient donné beaucoup de mouvemens pour faire réussir [la] négociation. Ils étoient trop sages [pour] ne pas s'allarmer des suites d'une [en]treprise dont le succès étoit encore [in]certain. Au moins leur conduite mé[na]geoit auprès de la Cour de Vienne [une] justification au nom de l'Etat de [Gê]nes. Mais tant de prudence n'étoit [pas] faite pour un peuple depuis long-[te]mps poussé à bout, & échauffé par [ses] premiers succès. La politique du [Sé]nat fut mal interprétée. On attribua [ses] craintes & ses ménagemens à des in[té]rêts personnels. Le peuple murmura: [les] plus emportés pillerent les maisons [de] quelques Sénateurs; & l'on fut obli[gé] de faire pendre quelques-uns de ces [mu]tins, pour réprimer des désordres [con]traires au but de ceux mêmes qui [les] excitoient.

Les nouvelles attaques des Génois [réus]sirent. Les Allemands furent enfin [chas]sés de la porte de saint Thomas, de [la] tour de la Lanterne, du fort de saint [B]enigne, & forcés d'abandonner le

AN. 1746.

Conduite du Sénat.

Les Allemands sont chassés de Gênes. Leur retraite.

fauxbourg de S. Pierre d'Aané, apr[ès] avoir perdu plus de deux mille hom[m]es. Ils prirent le chemin de la Boche[t]ta : mais ils trouverent sur leur rou[te] un corps de douze mille paysans, qu[i] au bruit de ce qui se passoit dans Gên[es] avoient d'eux-mêmes pris les armes. [Le] Marquis de Botta n'avoit d'autre re[s]source que de s'ouvrir un passage l'ép[ée] à la main : il y réussit, & parvint * a[ux] défilés de la Bochetta, où il espér[oit] pouvoir se maintenir : mais il y fut [at]taqué & forcé dès le lendemain ; p[ar] les habitans de Gênes qui l'avoient su[i]vi, & qui s'étoient joints aux pays[ans] des vallées. Il fut donc obligé de se [re]tirer vers Gavi, abandonnant son ar[til]lerie & ses équipages. Il s'établi[t à] Gavi, à Novi, à Voltaggio, avec [un] corps avancé du côté de Fiasconé [&] donna ordre à toutes les troupes [Au]trichiennes qui étoient dans le Mila[nois] le Mantoüan, & le Modénois, de [le] venir joindre.

Celles qui avoient été distribué[es] long de la côte Orientale de l'État [de] Gênes avoient été obligées de se re[tirer] avec précipitation, & s'étoient sau[vées]

* Le 12.

de Luques. Les Allemands perdirent plus de cinq mille hommes dans ces retraites. Les paysans de la vallée de Polsévera firent seuls plus de deux mille prisonniers. La perte des Génois fut fort peu considérable. Ils ne jugerent pas à propos de poursuivre pour lors les Allemands plus loin, & se contenterent de garder les passages par où leurs ennemis auroient pû se rapprocher de Gênes. La tranquillité fut rétablie dans cette ville, & dès le 16. on commença à y r'ouvrir les boutiques.

Ce jour-là même un corps de paysans tenta de secourir la citadelle de Savone. Les Piémontois, maîtres de la plus grande partie de la côte Occidentale de l'Etat de Gênes, bloquoient cette citadelle depuis plus de trois mois, & l'assiégeoient dans les formes depuis près de quinze jours. Les paysans Génois furent repoussés avec perte. Deux autres corps plus considérables s'avancerent dans le dessein d'attaquer les assiégeans ; mais l'artillerie des vaisseaux anglois qui croisoient sur la côte, & favorisoient le siége, obligea ces détachements de rebrousser chemin. Le Marquis Adorne destitué de tout es-

An. 1746.

Siege & prise de la citadelle de Savone.

An. 1746.

poir de secours, voyant l'armée des a[ssié]geans augmentée par de nouveau[x] renforts, sa garnison réduite à mill[e] soixante-dix hommes, à la veille d'ê[-]tre emporté, comptable à sa patrie [de] la vie des braves gens qui lui restoient après avoir soutenu plusieurs assauts [&] essuyé plus de trente mille coups [de] canon & plus de neuf mille bombes, capitula le 18. avec des distinctio[ns] honorables; mais à condition ce[-]pendant qu'il seroit prisonnier de gue[r-]re avec sa garnison.

Suite des démarches du Séna[t].

Les Génois, plus heureux contre [les] Autrichiens, qu'ils avoient chassés a[u] delà des montagnes, s'attendoient b[ien] à de nouveaux efforts de leur part, [&] ne négligeoient rien pour se mettre [en] état de leur résister. Aucuns Nobles [ne] s'étoient encore joints au peuple, [qui] continuoit d'être sous les armes. [Les] Chefs étoient choisis parmi les anci[en-]nes familles Plébéïennes, les plus [re-]nommées par leur zele pour le bien [pu-]blic. Ils régloient tout ce qui conc[er-]noit le militaire, & marquoient en [tout] le reste un extrême respect pour le [Do-]ge & pour le Sénat, qui persisto[it] toujours à conserver pour la Cou[r]

Vienne la plus haute considération. La Reine de Hongrie ne jugea pas pour cela plus favorablement des dispositions de la Noblesse Génoise. Cette Princesse fit déclarer au Marquis Spinola, Ministre de la République de Gênes à Vienne, que si le Sénat vouloit prouver qu'il n'avoit aucune part à l'entreprise du peuple, il falloit qu'il fît remettre au plûtôt en liberté les prisonniers Allemands; restituer l'artillerie, les munitions, & les équipages enlevés à ses troupes; achever le payement des contributions; remplacer les deniers de la Caisse militaire, que le peuple avoit pillés; & donner des indemnités pour les effets qu'on ne pourroit recouvrer. On faisoit monter à plus de douze millions de florins d'Allemagne les dommages dont on se plaignoit. Outre ces prétensions, on exigeoit encore que le Sénat fît des perquisitions exactes des auteurs du soulevement. Le Marquis Spinola représenta que le Sénat n'étoit pas en état d'accepter de pareilles propositions. La Reine, sans vouloir l'entendre, lui fit donner ordre de sortir de Vienne dans vingt-quatre heures, & de ses Etats dans six jours.

AN. 1746.

AN. 1747.
Entreprises des Autrichiens.

Le Sénat vit bien que tous ses ménagemens avoient été inutiles, & il ne tarda pas à agir de concert avec le peuple. Les Puissances alliées des Génois les exhortoient à achever l'ouvrage de leur liberté, & leur promettoient d'y concourir le plus efficacement qu'il seroit possible, soit par des diversions puissantes, soit par des secours de troupes ; & le succès de la révolution devenoit de jour en jour plus certain. Botta cependant rassembloit des troupes de toutes parts. Le Comte de Browne, qui avoit tenté une invasion en Provence, lui envoya douze ou quatorze bataillons, dont il avoit autant de besoin que le Marquis de Botta lui-même. En attendant l'arrivée de ce renfort, les Autrichiens tenterent de se rendre maîtres du passage important de la Bocchetta, & ils l'attaquerent avec six mille hommes le quatre du mois de Janvier. Ils furent repoussés avec perte. Quelques jours après leurs détachemens pénétrerent du côté de Voltri & de Bisagno ; mais sur le point d'être coupés, ils se retirerent avec précipitation.

Leurs attaques du quinze eurent

pas de suites. Ils s'emparerent des hauteurs de Bussala & de Borgo Forniri, que les paysans abandonnerent avec quatre pieces de canon, & quelques munitions de guerre. Un autre corps de milices Génoises fut poussé jusqu'à Ponté-Décimo. Le Marquis de Botta fit occuper le poste de Piédra-Navezara, & forma un cordon depuis la vallée de Scrivia jusqu'à Campofredo, vis-à-vis de la Bocchetta. Il fit ensuite marcher aux défilés le lendemain, & partagea l'attention de ceux qui les défendoient par plusieurs fausses attaques. Le froid étoit excessif. Trois cents hommes, qui n'avoient ni tentes ni baraques, s'étoient retirés dans un village, abandonnant un passage par lequel ils ne croyoient pas que les Allemands songeassent à pénétrer. Mais le Marquis de Botta en ayant été averti fit déboucher quatre mille hommes par ce défilé dans la plaine de Polsévéra.

L'allarme fut terrible dans Gênes dès qu'on apperçut les Allemands. On sonna le tocsin dans toutes les Eglises. Les paysans coururent aux hauteurs. On occupa, ou l'on renforça tous les postes qui pouvoient retarder les

AN. 1747.

Allarmes des Génois.

AN. 1747.

progrès des ennemis, qui furent eux-mêmes obligés de se retirer de divers endroits où ils se crurent trop exposés, & entre autres de Pietra Lavezara. Je n'entrerai point dans le détail de toutes les tentatives des Autrichiens, presque toujours sans succès. Il ne se passoit gueres de jour que les Génois ne fussent attaqués dans quelques-uns de leurs postes, ou qu'ils n'essayassent de déloger leurs ennemis de ceux dont ils s'étoient emparés. Dans les premiers jours de Février les Autrichiens attaquerent successivement Lagnasco, Croce d'Orera, & Vittoria: mais ils furent repoussés par tout. Ils avoient quelques postes du côté de Voltri, & ils furent chassés de plusieurs.

Cruautés des Autrichiens.

Cette petite guerre étoit continuelle; l'animosité des deux partis la rendoit meurtriere: il ne tint pas aux Allemands qu'elle ne devînt cruelle. Ils donnerent en diverses occasions des exemples de fureur. Le peuple de Gênes, indigné de ces excès, vouloit massacrer les prisonniers Autrichiens, & l'on fut obligé de doubler la garde de leur prison, pour empêcher ces dangereuses représailles.

Plus les Génois étoient aigris contre les Allemands, plus ils s'affermissoient dans la résolution de se défendre jusqu'à la dernière extrémité. Dès le 9. de Janvier ils avoient célébré par de grandes réjouissances le recouvrement de leur liberté. Ils avoient conduit avec grand appareil, par les principales rues de la ville, le mortier qui avoit occasioné la révolution, & l'avoient replacé avec beaucoup de cérémonies à la batterie de Carignan, d'où il avoit été tiré. Depuis ce temps ils n'avoient pas cessé de s'occuper du soin de leur défense. Dès le 26. de Décembre on avoit formé cent vingt compagnies de bourgeois de soixante hommes chacune. On avoit dressé un rolle de tous les habitans de la ville & des fauxbourgs en état de porter les armes, & l'on en faisoit monter le nombre à quarante mille. On fit de plus venir des troupes de Corse, on établit des batteries, & l'on se mit en état de ne pas craindre les suites d'un siege, au cas qu'on fût obligé de le soutenir. On découvrit, par quelques lettres interceptées, que le Marquis de Botta avoit des intelligences parmi les habitans de la vallée

AN 1747.
Les Génois s'occupent des préparatifs de défense.

de Polsévera, à qui il avoit fait distribuer une grosse somme d'argent. La plûpart des traîtres furent arrêtés; & pour s'assurer de cette vallée, on y fit marcher quatre mille hommes, qu'on tira de la côte orientale.

Il ne manquoit, pour couronner toutes ces précautions, que le concert des deux ordres. Le rétablissement de l'ancien gouvernement étoit d'autant plus nécessaire, qu'il s'étoit élevé quelques brouilleries entre les Chefs du peuple à l'occasion du butin. Le peuple fut encore quelque temps persuadé que les Nobles cherchoient à faire leur paix particuliere avec la Cour de Vienne. Les Nobles d'un autre côté craignoient que le peuple ne voulût changer la forme du gouvernement, & s'emparer de l'autorité. Quelques réparations que le Sénat ordonna de faire dans le palais donnerent lieu aux mal-intentionnés de publier que les Nobles vouloient s'y fortifier. Ces discours penserent exciter une émeute que la prudence du Sénat apaisa. Enfin les soupçons & les mésintelligences cesserent; & vers le milieu de Février le Gouvernement fut absolument rétabli sur l'ancien pied.

Dès le commencement de ce mois, le Comte de Schullembourg étoit arrivé à Novi, pour remplacer le Marquis de Botta, que la Cour de Vienne avoit appellé. Ce nouveau Général ne pouvoit rien entreprendre de confidérable avant que la faifon permît de faire revenir la cavalerie que le Marquis de Botta avoit envoyée dans le Parmefan, & avant l'arrivée du renfort que le Comte de Brown avoit détaché de fon armée. En attendant qu'il fût en état d'agir, il fit faire aux Génois des propofitions d'accommodement : mais elles ne parurent pas plus recevables que celles que les Autrichiens avoient faites jufqu'alors. Ses préliminaires étoient qu'on remît les prifonniers en liberté, & qu'on achevât de payer les contributions. La négociation fut rompue d'abord, & l'on ne fongea de part & d'autre qu'à s'attaquer & à fe défendre.

La petite guerre duroit toujours. Les troupes Autrichiennes reprirent le pofte de Pietra-Lavezara, y conftruifirent une batterie, & y éleverent un retranchement. Un de leurs détachemens enveloppa cinq cents payfans Génois, la nuit du 16. au 17. de Février : mais

An. 1747. *Propofitions d'accommodement.*

Attaques refpectives.

Tome III.   R

les Génois se firent jour. Un autre détachement attaqua la même nuit u[n] poste de cent trente hommes, & fu[t] repoussé. La nuit suivante toutes le[s] troupes irrégulieres de l'armée d[u] Comte de Schullembourg s'avanceren[t] par divers endroits sur sept colonnes[,] mais elles furent partout repoussée[s] avec perte par les milices Génoises. Le[s] Génois ne bornerent pas là leurs avan[-] tages. Ils firent marcher sur le cham[p] la moitié des compagnies bourgeoise[s] & quarante compagnies des milices d[e] Bisagno, qui chasserent les Allemans de la plûpart de leurs postes en de[çà] de la Bocchetta: vingt-quatre de c[es] compagnies pénétrerent jusqu'à Ca[m]po-Moroné, où six cents ennemis fure[nt] taillés en pieces. Le poste de Piétra-L[a]vezara fut emporté, après avoir é[té] attaqué depuis huit heures du ma[tin] jusqu'à deux heures après midi. O[n fit] dans toutes ces actions sept cents priso[n]niers, & l'on eut beaucoup de pe[ine] à sauver du ressentiment des habita[ns] de la vallée de Polsévera, les Pandou[rs] & les Croates, qui avoient exé[rcé] dans cette vallée des cruautés inouï[es].

Le siege de Gênes paroissoit une [...]

…nere, quoiqu'on l'annonçât bien haut. AN. 1747.
La Reine de Hongrie avoit besoin de
…outes ses troupes d'Italie, pour dé-
…endre les Etats de son allié le Roi de
…ardaigne. Le Comte de Brown, après
…ne vaine tentative en Provence, avoit
…é obligé de repasser le Var, & étoit
…ntré dans le Comté de Nice dès le 3.
…e Février. Le Maréchal de Belleisle,
… la tête d'une grosse armée, se prépa-
…it à l'y suivre. Dans de pareilles cir-
…nstances, le Comte de Schullem-
…urg ne pouvoit différer long-temps
… marcher au secours du Comte de
…rown. Mais la Cour de Vienne croyoit
… gloire de ses armes intéressée à sou-
…ettre les Génois ; & Schullembourg
…t ordre de tout tenter pour y réussir.
Chaque jour rendoit cette entrepri- *Secours arri-*
…lus difficile. Un convoi parti des *vés à Gé-*
…rts de Marseille & de Toulon dé- *nes.*
…qua, dans différens ports de la Répu-
…que, le 19. de Février, cinq mille
…atre cents hommes de troupes Fran-
…s & Espagnoles, qui en peu de
…rs se rassemblerent à Gênes. Les
…sseaux Anglois qui croisoient sur les
…es ne purent intercepter que quel-
…es bâtimens de ce convoi, qui por-

R ij

AN. 1747.

toient environ six cents soldats. Ce secours fut reçu avec de grandes démonstrations de joie. Il annonçoit encore de nouveaux renforts prêts à s'embarquer ; & indépendamment de ces forces auxiliaires, Gênes ne manquoit pas de défenseurs. Tout y étoit devenu soldat. Le noble, le négociant, le laboureur, se disputoient à l'envi l'honneur de défendre la patrie. Quelques Citoyens timides s'étoient sauvés avec leurs effets, & s'étoient réfugiés les uns à Pise, les autres à Livourne : mais leur peu de zele pour la liberté commune n'avoit point formé d'exemple contagieux ; & leur foiblesse fut justement punie dans la suite par les amendes auxquelles le Gouvernement les condamna.

Les Autrichiens marchent vers Gênes.

A quelques obstacles que le Comte de Schullembourg dût s'attendre dans l'exécution de son projet, il avoit ses ordres, & il s'empressa de s'y conformer. Le temps étoit précieux. Les Génois se fortifioient tous les jours dans leur ville & dans leurs postes ; ils attendoient à chaque instant de nouveaux convois des ports de France : le Maréchal de Belle-Isle se préparoit à faire en leur faveur une diversion qu'il étoit nécesfaire de prévenir. Le Comte de Schulembourg se mit donc en marche dès le 22. de Mars. Son armée avoit reçu ses renforts, & étoit forte de plus de vingt-cinq mille hommes. Mais les mauvais temps le forcerent de différer ses opérations de plus de quinze jours. Enfin il les commença le 11. d'Avril deux heures avant le jour; & ses troupes sur trois colonnes s'avancerent du côté de Bisagno. La premiere colonne se porta sur Lagnasco, qu'elle voulut forcer en passant : mais n'ayant pû y réussir elle le tourna. La seconde marcha sur Marigallo, par S. Cipriano. La troisieme dirigea sa route vers la montagne du Diamant, dont elle s'empara.

Cette marche dura quarante-deux heures. Les Allemands étoient obligés de combattre à chaque pas ; & les Génois, disputant le terrain pied à pied, se reploioient en bon ordre de poste en poste, retirant leurs troupes à mesure qu'ils craignoient qu'elles ne fussent coupées. Ils avoient abandonné par cette raison la montagne des deux Freres, vis-à-vis de celle du Diamant, dont les ennemis étoient les maîtres: mais les Généraux François & Espa-

AN. 1747. gnols leur firent sentir l'importance de ce poste. Ils s'y établirent de nouveau & y construisirent une batterie, pour déloger les Allemands de la montagne du Diamant. On en éleva une autre à Pioggia dans le même dessein; & on se prépara à attaquer successivement les principaux postes occupés par les Autrichiens. Cependant deux Officiers Allemands précédés d'un tambour s'avancerent, le quinze, vers la montagne des deux Freres, & remirent à ceux qui y étoient de garde un écrit signé du Comte de Schullembourg, adressé au Gouvernement de Gênes.

Nouvelles propositions d'accommodement. On y exhortoit les Génois à se soumettre à la Reine de Hongrie, qui leur offroit encore une fois d'oublier son juste ressentiment: on les menaçoit au contraire, s'ils persistoient à résister, d'agir contre-eux avec la derniere rigueur. On leur annonçoit qu'on attendoit incessamment une artillerie formidable, & que, dès qu'elle seroit arrivée, ils devoient s'attendre à être traités sans ménagement, s'ils ne prévenoient par une soumission prompte les malheurs dont ils étoient encore les maîtres de se garantir. Quatre jours après

Mr. Jean-Baptiste Doria, Général des troupes Génoises, envoya au camp des Autrichiens une réponse, dans laquelle on exposoit que la République n'avoit eu dans toutes ses démarches d'autre but que de conserver ses droits & ses possessions ; que jamais elle ne s'étoit départie des égards qu'elle devoit à la Reine de Hongrie ; que tout le monde savoit avec quelle déférence on s'étoit conformé aux volontés de cette Princesse ; qu'on n'étoit pas moins instruit des motifs invincibles qui avoient forcé la nation d'employer les moyens extrêmes, pour se mettre à l'abri d'une destruction contraire à la gloire & à l'équité de la Cour de Vienne ; qu'actuellement les Génois ne faisoient que se servir, & avec regret, du droit naturel d'une défense légitime ; que la Reine de Hongrie étoit trop équitable pour qu'une pareille conduite fût l'objet de son ressentiment ; que les sujets de la République ne pouvoient se dispenser de sacrifier leurs vies & leurs fortunes à la liberté de leur patrie ; & qu'ils mettoient leur confiance dans l'assistance du Ciel, qui regle le sort des Etats.

An. 1747.

An. 1747.
Projets des Autrichiens.

Cette réponse, modérée, mais ferme, fit sentir au Comte de Schullembourg qu'il n'y avoit plus lieu d'espérer que les Génois se soumissent volontairement sur la foi d'une capitulation, & il sentoit plus que jamais la difficulté de les y forcer. Le transport de l'artillerie qui lui étoit nécessaire étoit presque impraticable. Il avoit ordonné qu'on ouvrît de nouveaux chemins dans les montagnes. Mais ce travail demandoit trop de temps ; &, comme je l'ai dit, le temps étoit cher. Il fallut prendre le parti de faire venir l'artillerie par mer. Les vaisseaux Anglois étoient en état de favoriser cette entreprise ; mais il falloit auparavant s'emparer des postes voisins de la côte. Au lieu de faire de nouveaux progrès, les troupes Autrichiennes avoient perdu plusieurs postes, & en avoient abandonné quelques autres. Les escarmouches étoient continuelles : les partis étoient tous les jours aux mains. Les Génois avoient souvent l'avantage : cependant les Autrichiens se maintenoient dans les points principaux de leur position, & resserroient Gênes d'assez près, tant du côté de Bisagno, que de celui de Polcévera.

Sur ces entrefaites, le Duc de Bouf-flers, Lieutenant Général des armées du Roi de France, & nommé Général des troupes Françoises auxiliaires de la République, arriva à Gênes. * Il y fut reçu avec les démonstrations de la joie la plus vive. Le discours qu'il prononça dans le Sénat contenoit les plus fortes assurances de la protection du Roi. Il ne voulut pas différer de profiter de l'ardeur que sa présence inspiroit aux Génois. Jamais las d'attaquer leurs ennemis, ils étoient venus à bout de leur enlever encore depuis peu différens postes : mais ces avantages n'étoient pas décisifs ; & le Duc de Boufflers résolut une attaque générale, dont l'instant fut marqué dans la nuit du 6. au 7. du mois de Mai. Ce projet n'eut point d'exécution, à cause des mauvais temps qui survinrent ; & peut-être n'auroit-il pas réussi. Les ennemis, avertis par des signaux que leur avoient fait deux Religieux Carmes, se tenoient de toutes parts sur leurs gardes. La trahison fut découverte, & les Moines furent arrêtés & punis.

On attendoit des troupes de France;

Le dernier d'Avril.

AN. 1747.
Le Duc de Boufflers passe à Gênes. Diverses attaques.

& il se passa jusqu'à leur arrivée peu de choses importantes. Le Capitaine Barbarossa, partisan habile, fit du côté de Voltri une expédition qui réussit. Il tomba sur les Autrichiens à Pégli, leur tua quelque monde, & fit plusieurs prisonniers. Les Autrichiens, qui avoient abandonné Voltri, y revinrent avec huit cents Piémontois qui les joignirent, & Barbarossa fut contraint de se retirer. Voltri fut mis au pillage durant quatre heures, & l'on y commit des désordres inexprimables. On travailloit cependant à augmenter les défenses de Gênes, & l'on faisoit quelques ouvrages au pont de Cornigliano, pour couvrir le fauxbourg de S. Pierre d'Aréna. Les vaisseaux Anglois voulurent troubler ces travaux par quelques canonades, qui ne firent aucun effet. Les Croates qui s'avancerent ne réussirent pas mieux. Ils furent repoussés & reconduits jusqu'à Coronato. Enfin une partie du nouveau convoi qu'on attendoit arriva le quinze, avec mille hommes de troupes Françoises, Espagnoles, & Suisses au service d'Espagne. Le reste, au nombre de plus de trois mille hommes, débarqua le vingt-six & le trente dans divers ports de l'Etat de Gênes, malgré la vigilance des vaisseaux Anglois, qui tâcherent envain d'intercepter ces secours.

AN. 1747.

L'armée Autrichienne avoit aussi reçu des renforts, qui la mirent en état d'agir plus vigoureusement qu'elle n'avoit fait. La nuit du vingt au vingt-un, elle attaqua la côte de Rivarola, qui s'étend le long de la riviere de Polsévéra, depuis la montagne des deux Freres, jusqu'à celle de Belvédéré. Toute cette côte est couverte de maisons, qu'on avoit garnies de milices; & l'on avoit mis cent cinquante soldats Génois dans le couvent de N. Dame de la Miséricorde, situé au centre. A l'approche des ennemis, les milices abandonnerent les maisons de droite & de gauche; & les soldats qui gardoient le couvent, craignant d'être enveloppés, se retirerent sur la montagne de Belvédéré. Les ennemis, maîtres de toute la côte de Rivarola, pouvoient tenter avec avantage une entreprise sur les montagnes de Belvédéré & des deux Freres, deux des postes les plus importans de la défense extérieure de Gênes. Mr. de Boufflers sentit toute l'importance de

AN. 1747. prévenir ce coup, & fit sur le champ sortir * mille hommes de troupes de France, & trois cents de celles d'Espagne, sur plusieurs colonnes, pour chasser les ennemis de la côte de Rivarola : mille paysans suivirent ces troupes pour garnir les postes dont elles s'empareroient ; & les remparts de la ville furent bordés par les compagnies des Bourgeois. Mr. de Boufflers se rendit lui-même à l'*Epéron* pour observer les mouvemens des ennemis, & diriger les attaques. Elles réussirent presque toutes. Un corps d'ennemis s'étant mis en mouvement, & ayant passé la riviere de Polsévéra pour charger en flanc une des colonnes Françoises, Mr. de Boufflers fit sortir à propos tout ce qu'on put ramasser de bourgeois & de paysans armés. Ce renfort facilita les opérations des troupes Françoises, qui chasserent les ennemis du village de Rivarola, & de tous les autres postes de cette côte, excepté du couvent de N. Dame de la Garde, où ils se maintinrent. Cette affaire fut fort vive, & dura plus de quatre heures, sans que le feu discontinuât un seul instant.

* Le 21. à cinq heures du soir.

Les Autrichiens furent occupés durant quelque temps à se fortifier dans leurs postes. Ils ne laissoient pas de faire de temps en temps des attaques, tantôt à la Scofféra, tantôt à Cornigliano, & aux montagnes des deux Freres & de Belvédéré. Ils furent repoussés par tout ; & on leur enleva même le château de Torriglia. Mais leur principal projet étoit de s'établir une communication avec la mer du côté de Bisagno, où ils avoient résolu de former leurs attaques, & où les vaisseaux Anglois devoient leur débarquer un train de grosse artillerie. Mr. de Boufflers avoit pénétré leur dessein; & pour s'y opposer il avoit fait élever des retranchemens depuis Notre-Dame Del-Monté jusqu'à Quarto. Le Comte de Schullembourg fit le 12. de Juin ses dispositions pour les forcer, & se mit en marche le 13. sur trois colonnes. Il essuya une vive résistance. Le Duc de Boufflers envoya des renforts aux endroits attaqués : il s'y porta lui-même ; & les ennemis furent plusieurs fois repoussés: mais ils vinrent enfin à bout de gagner la montagne des Camaldules, d'où ils pénétrerent jusqu'à saint Martin d'Al-

AN. 1747.

Les Autrichiens s'établissent sur le bord de la mer, & reçoivent de l'artillerie.

baro. Le lendemain ils acheverent de se rendre maîtres de quelques cassines sur le bord de la mer, & occuperent le château de Sturla, où la mer forme un petit port fort propre au débarquement de l'artillerie qu'ils attendoient. Les vaisseaux Anglois la furent prendre à Sestri-di-Ponente, où elle avoit été transportée de Savone; & quatre jours après on commença à la débarquer à Sturla.

Cette affaire avoit coûté beaucoup de monde aux Autrichiens. Le feu avoit duré cinq heures avec une vivacité prodigieuse. Ils perdirent plus de deux mille hommes, dont le plus grand nombre fut tué à l'attaque de Notre-Dame Del-Monté, qu'ils furent obligés d'abandonner après l'avoir recommencée jusqu'à trois fois. Ce poste leur étoit nécessaire pour les opérations du siege qu'ils avoient projetté; & on en renforça considerablement la garde. Cependant Gênes étoit absolument investie, & la communication coupée avec la côte Orientale. Mr. de Lannera, qui commandoit au poste de la Scofera, se replia sur Recco; & ayant laissé quelque monde à Nervi avec or-

...e d'y tirer une ligne pour couvrir la ...te, il se rendit par mer à Gênes, avec ...reste de ses troupes.

Les allarmes commençoient à se ré...ndre dans Gênes. Cette ville étoit ...mplie d'un nombre prodigieux de ...ns qui s'y étoient réfugiés de la cam...gne : les hôpitaux étoient pleins de ...lades. On redoutoit moins les atta...es des ennemis que les suites d'un ...ocus. On fit des prieres publiques; ...tandis que les Génois demandoient ...Ciel leur délivrance, Mr. de Bouf...rs ne négligeoit aucunes mesures ...ur leur sûreté. Il avoit passé toute ...nuit du 13. au 14. sur le rempart ...la porte Romaine. Dès le matin il fit ...uper tous les chemins qui condui...ent de Gênes à saint Martin d'Alba...; il fit construire de nouveaux ou...ages, & élever des batteries; il fit ...rceler tous les jours les ennemis dans ...urs postes d'Albaro, pour interrom...e leurs travaux; & il les délogea mê...e de quelques endroits dont ils étoient ...maîtres. Mais ce qui acheva de ras...rer les Génois, fut la nouvelle qu'on ...çut le vingt-deux, que l'armée Fran...ise approchoit, & qu'elle comptoit

AN. 1747.

Allarmes & précautions des Génois.

être le 26. aux environs de Final.

Sitôt que les magasins nécessaires avoient été formés, Mr. le Maréchal de Belle-Isle avoit passé le Var, * à la tête de l'armée combinée de France & d'Espagne. L'armée Piémontoise & Autrichienne ayant évacué sur le champ le Comté de Nice, il forma le siege du château de Ventimille : & tandis qu'il y faisoit transporter de la grosse artillerie malgré des obstacles presqu'insurmontables, il se disposoit à s'ouvrir un chemin dans le Piémont. Dans ces circonstances il n'étoit pas possible que le Comte de Schullembourg restât encore long-temps devant Gênes. Le Roi de Sardaigne, menacé d'une invasion prochaine, lui envoya couriers sur couriers pour le presser de marcher à son secours avec toutes ses troupes.

Mouvemens des Autrichiens.

En conséquence de ces nouvelles, se passa de grands mouvemens dans le camp des Autrichiens dès le 23. Juin ; & quelques attaques, qu'ils firent encore dans les jours suivans, ne furent peut-être que pour mieux masquer leur projet de retraite. Le 25. les Génois apperçurent grand nombre de

* Le 3. de Juin.

mulets

mulets chargés, sur la montagne des Camaldules, & les bâtimens Anglois qui rembarquoient l'artillerie à la plage d'Albaro. Il y avoit tout lieu de penser que les ennemis songeoient à se retirer: mais on craignoit cependant que les mouvemens qu'ils faisoient n'eussent pour objet de s'étendre vers Nervi & Portofino, ou de transporter leurs attaques du côté de Polsévéra. On continua de se tenir sur ses gardes ; & les Autrichiens tenterent effectivement la nuit suivante de forcer le poste de Notre-Dame de Monté, d'où ils ne furent repoussés qu'après des efforts opiniâtres.

Les secours arrivoient toujours à Gênes, malgré la vigilance des vaisseaux Anglois. Trente-deux bâtimens apporterent de Porto-Fino des provisions de toute espece. Six cents hommes, partis des ports de France, débarquerent dans le même temps, & confirmerent les nouvelles des progrès du Maréchal de Belle-Isle. Plus les Génois avoient lieu de se flatter d'une délivrance prochaine, plus ils redoubloient d'ardeur & de précautions. Toutes les Boutiques étoient fermées dans la ville. Les marchands, les artisans &

Les Genois se tiennent sur leurs gardes.

AN. 1747.

la livrée montoient la garde aux retranchemens. Six cents Ecclésiastiques, & huit cents Moines, qui avoient pris les armes, formoient un corps de réserve prêt à se porter où il seroit nécessaire. On avoit armé en guerre un ponton sur lequel on avoit placé deux mortiers & deux gros canons. Ce ponton sortit le vingt-six, rémorqué par des galères, & s'étant avancé assez près d'une des batteries des assiégeans, il la détruisit. Le Comte de Schullembourg continuoit cependant de rester devant Gênes : mais il sembloit avoir suspendu toutes ses opérations. Enfin un nouveau courier apporta à ce Général, le soir du second jour de Juillet, l'ordre précis d'abandonner son entreprise ; & sur le champ on commença à plier les tentes.

Mort du Duc de Boufflers. La joie que cet évenement répandit dans Gênes ne fut pas pure. Elle fut empoisonnée par la mort de Mr. de Boufflers, que les Génois regardoient comme leur libérateur. Il étoit mort ce jour là même, à huit heures & demie du matin, de la petite verole, dont il avoit été attaqué dès le 26. du mois précédent. Il avoit donné jusqu'à

dernier instant de sa vie des preuves
d'un zele infatigable. La veille même An. 1747.
de sa mort, il avoit encore travaillé près
de deux heures avec ses Secrétaires. Il
n'eut point la consolation d'être témoin
de la retraite des ennemis ; & il emporta en mourant le regret de laisser encore Gênes assiégée. Le peuple & les
nobles furent également touchés de sa
perte : leurs regrets firent l'éloge de
ses services ; & pour éternifer leur reconnoissance, ils inscrivirent sa famille
parmi celles de leur premiere noblesse.

Le Comte de Schullembourg n'avoit Retraite des
pas différé d'un instant l'exécution des Autrichiens.
ordres qu'il avoit reçus. Son avantgarde
se mit en marche la nuit même du 2.
au trois de Juillet, vers la Bocchetta ;
& le 6. il n'y avoit plus ni Piémontois
ni Autrichiens dans les environs de Gênes, sinon aux postes de Notre-Dame
de la Miséricorde, de la Montagne du
Diamant, & de Coronato. Ils y avoient
laissé du monde pour couvrir leur retraite, un peu retardée par la lenteur des
voitures qu'ils faisoient venir de Lom-
bardie. On ne voulut pas sacrifier des
troupes à l'attaque de ces postes, qui
ne furent pas long-temps à se replier.

S iij

AN. 1747. Les Génois, délivrés de toutes inquiétudes, ne s'occuperent plus qu'à rendre au Ciel les actions de graces qu'ils lui devoient. On chanta le *Te Deum*, on fit des processions ; on régla que tous les ans à l'avenir on obserceroit un jour de jeûne, en mémoire de la protection de Dieu qu'on venoit visiblement d'éprouver. Les réjouïssances succéderent aux actes de piété. L'on n'eut garde d'oublier ce que l'on devoit au Roi de France. La République députa vers ce Prince pour lui témoigner toute la reconnoissance dont elle étoit pénétrée. Les boutiques furent r'ouvertes, les gardes bourgeoises licentiées : les habitans des vallées retournerent dans leurs habitations, & les citoyens Génois qui avoient craint de partager les malheurs de leur patrie revinrent à Gênes.

La retraite des ennemis ne s'étoit faite que lentement. Ils n'avoient commencé que le 18. à se retirer de Voltri & des environs. Enfin le 20. toutes leurs troupes avoient repassé la Bocchetta. Elles laisserent sur toute leur route des traces de leur dépit, brûlant les maisons, coupant les vignes & les oliviers, & commettant tous les désorres imaginables. Mr. le Marquis de [Mi]ssi, Maréchal de Camp, étoit arrivé [à] Gênes dès le 15. pour y prendre le [co]mmandement des troupes Françoises. [S]es premiers soins furent de réprimer [le]s courses que faisoient les ennemis, [qu]i occupoient encore divers postes au[-de]là des montagnes. Il envoya des par[ti]s lever des contributions dans le Par[m]esan, le Montferrat, & le Torton[n]ois. Rassuré sur les dangers présens, [il] songea à prévenir ceux dont on pour[ro]it être menacé par la suite. Il donna [d]es ordres pour réparer & augmenter [le]s défenses de Gênes & de ses postes ex[té]rieurs. Enfin il tourna son attention [ve]rs l'Isle de Corse, dont il n'avoit pas été [po]ssible de s'occuper, tant qu'il s'étoit [ag]i du salut de la capitale même de l'Etat. [] Les malheurs des Génois avoient ré[ve]illé les espérances de Rivarola, & les [pré]tentions des Rébelles. Dès la fin de [l'a]nnée mille sept cents quarante six, ils [av]oient voulu lever des contributions [à] Tavagna: mais les partis qu'ils y [av]oient envoyés avoient été battus par [le]s paysans. Depuis ce temps les Génois [av]oient été obligés de tirer de Corse, [no]n seulement une partie des troupes

AN. 1747.

Affaires de Corse.

AN. 1747.

qu'ils y avoient fait passer, mais de lever parmi les plus fideles habitans de cette Isle, des troupes qu'ils avoient transportées à Gênes. Par-là le parti des Rebelles avoit acquis beaucoup de supériorité. Rivarola en avoit profité, s'étoit emparé de plusieurs postes importans, avoit de nouveau mis le siege devant la Bastie, & s'étoit même rendu maître de la partie de cette place appellée Terra-Vecchia.

Les Rébelles sont battus.

Mr. Mari, Commissaire Général, avoit en vain tâché d'en déloger les Rebelles. Le Marquis de Bissi donna ordre au Comte de Choiseul de passer en Corse avec cinq cents cinquante hommes, & de dégager la Bastie. Sitôt que le Comte de Choiseul fut débarqué, il marcha aux Rébelles qui bloquoient cette ville, les battit, & les dispersa. Six cents d'entr'eux se jetterent dans quelques maisons. On ne jugea pas à propos de les y forcer l'épée à la main : mais on fit approcher du canon, on abattit les maisons ; & les six cents Rébelles furent presque tous écrasés sous les débris. Rivarola s'étoit jetté dans le château de San-Fiorenzo. On le suivit, & l'on se disposa à l'y attaquer.

Ainsi les affaires des Génois se rétablissoient par tout. Les Rébelles de Corse étoient réduits à la derniere extrémité. Les Etats de la République étoient délivrés, dans leur meilleure partie, des Autrichiens & des Piémontois. Les troupes du Maréchal de Belleisle avoient forcé le château de Ventimille de se rendre le 1. Juillet. Quels que fussent les nouveaux efforts des ennemis, Gênes étoit en état de ne plus craindre leurs attaques. Lorsque le Duc de Richelieu, nommé par le Roi pour y commander les troupes Françoises, s'y rendit * à la fin de Septembre, il trouva cette ville bien fortifiée, abondamment pourvue de provisions & de munitions, défendue par vingt-cinq mille hommes, tant des troupes de la République que des détachemens de l'armée de France & d'Espagne, & redoutant peu que les Autrichiens osassent revenir en tenter encore une fois le siege, comme ils affectoient de le publier.

*Le 27.

AN. 1747.

Etat des affaires de Gênes lorsque le Duc de Richelieu y entra.

SUPPLÉMENT A L'HISTOIRE DE GENES

LA levée du siege de Gênes ne terminoit pas la guerre: mais elle terminoit en quelque sorte la révolution que je viens d'écrire; & j'avois résolu de fixer la fin de mon ouvrage à cette époque. La paix m'en offre une plus marquée; & l'on m'a pressé de conduire mon Histoire jusqu'à l'heureuse conclusion de ce traité.

Persuadé que ce supplément contribuera à la satisfaction de mes lecteurs, qui n'auroient vû qu'à regret les allarmes des Génois à demi dissipées, je me suis déterminé à continuer l'histoire de leur liberté, que leur ennemis menaçoient encore. L'impossibilité dans laquelle je me suis trouvé d'avoir des mémoires tels que je les desirois sur les évenemens qui me restent à raconter, m'obligera de me borner à

…cit abrégé des actions principales. Peut-être aurai-je un jour l'occasion **AN. 1747.** …contenter mieux la curiosité du public à ce sujet.

GÉNES étoit libre: mais sa liberté se bornoit presque à ses murailles. Le Comte Nadasti, avec seize bataillons & quelques autres troupes, s'étendoit depuis Campo-Frédo jusqu'à Novi & Gavi: la côte Orientale de l'Etat étoit, pour ainsi-dire, ouverte d'un bout à l'autre aux Allemands: les troupes du Roi de Sardaigne occupoient la meilleure partie de la côte Occidentale, où elles possédoient, entr'autres places, Final & Savonne: les vaisseaux Anglois, maîtres de la mer, croisoient à l'embouchure des autres ports, pour intercepter les secours: la Reine de Hongrie ne dissimuloit point son ressentiment, & éclatoit en menaces. Il ne falloit pas des efforts moins puissans que ceux que faisoit la France en faveur des Génois, pour mettre leur capitale à l'abri d'un nouveau siege, dont les suites pouvoient devenir terribles, & dont on cherchoit à leur faire d'avance entrevoir l'horreur.

Le premier soin du Duc de Riche-

Etat des affaires de Gênes.

An. 1747.
Entreprise du Duc de Richelieu.

lieu fut de les rassurer, en leur faisant sentir leurs forces. Peu de jours après son arrivée il se mit * à la tête de toutes les troupes auxiliaires, qu'il partagea en trois colonnes. La premiere, commandée par le Comte de Carcado Colonel du Régiment de Bresse, eut ordre de se porter à Voltri; la seconde sous les ordres de Mr. Chauvelin Maréchal de Camp, marcha vers Notre-Dame de la Garde; le Duc de Richelieu, à la tête de la troisieme, s'avança vers Campo-Moroné. Il avoit avec lui deux mortiers, quatre gros canons, plusieurs pieces de campagne; & il s'étoit fait suivre de quatre mille travailleurs, pour réparer les chemins dans les endroits où ils étoient rompus, & pour traîner, à force de bras, l'artillerie dans les lieux où l'on ne pourroit se servir de chevaux ni de mulets.

Son projet, & les obstacles qu'il rencontre.

Le projet de ce Général étoit de déloger les ennemis des postes voisins de ceux sur lesquels il dirigeoit sa marche: mais les Autrichiens, avertis à temps de son dessein, se rassemblerent en force, & l'obligerent de rassembler lui-même ses troupes. Sitôt qu'il fut informé des mouvemens des ennemis,

* Le 15. d'Octobre.

il donna ordre aux colonnes qui s'avançoient sur Notre-Dame de la Garde
& sur Voltri, de se replier sur lui. Mr.
Chauvelin le fit sur le champ & sans
obstacle, avec la division qu'il commandoit. Mais le Comte de Carcado
ne put exécuter cet ordre que le lendemain matin. Il avoit déja l'ennemi
sur les bras, & il eut besoin de toute
son habileté pour se tirer avec avantage
du pas délicat où il se trouvoit engagé.

Sa colonne étoit de deux mille hommes, tant François qu'Espagnols. Il
avoit occupé les hauteurs à droite & à
gauche de Voltri. Il s'agissoit de replier
le gros de ses troupes par le bas de ces
hauteurs, en présence des ennemis qui
observoient. Il les inquiéta en faisant mine de vouloir les attaquer, &
vint à bout de brouiller leurs idées, en
faisant monter un certain nombre de
ses gens pendant qu'un plus grand nombre descendoit: de façon qu'ils ne s'apperçurent de sa retraite que lorsqu'il
étoit en pleine marche. Ils se mirent
sur le champ à sa suite: mais ils ne l'at-
teignirent qu'à Massoné; & il les y
attendoit.

Le Comte de Carcado connoissoit

Habile manœuvre du Comte de Carcado.

AN. 1747.

parfaitement le pays ; supériorité considérable dans un Officier qui sait en faire usage. Son plan fut formé, & ses dispositions faites de maniere que les ennemis ne pouvoient le joindre sans être auparavant passés par les armes à bout portant. Il avoit établi des postes par échellons, de sommités en sommités. Les Allemands donnerent tête baissée dans ces embuscades, & en essuyerent tout le feu. Ils ne se rebuterent pas d'abord : mais, après avoir perdu plus de trois cents hommes, ils furent contraints de s'arrêter ; & le Comte de Carcado acheva tranquillement sa marche, qui ne lui coûta pas plus de vingt des siens.

Le Duc de Richelieu revient à Gênes.

Le Duc de Richelieu ayant réuni ses colonnes s'avança jusques à Campofrédo, Rossiglioné, & Voltaggio qu'il reconnut. Mais il ne s'agissoit plus d'attaquer ces postes. Quoique les ennemis ne se présentassent plus, ils étoient partout sur leurs gardes, & le Duc, qui crut sans doute ne devoir rien tenter dans cette premiere expédition, sans une forte espérance de succès, ramena ses troupes à Gênes. Mais le Comte

* Le 23.

Carcado, qui avoit son quartier à Arenzano, enleva quelques jours après un petit poste, où il tua vingt-cinq hommes sans en perdre un seul, & fit quarante-six prisonniers.

AN. 1747.

Quelque petits que fussent ces avantages, ils devenoient considérables, parcequ'ils servoient à soutenir le courage des Génois. Mais rien ne le releva tant que les nouvelles qu'ils apprirent du Comté de Nice, où Dom Philippe avoit fait attaquer les Piémontois le 19. d'Octobre. Ils les avoit délogés des hauteurs de Sospello, & de quelques autres postes. Le lendemain ils avoient été contraints d'abandonner celles de Balli Rossi. On les avoit poursuivis jusques sur celles de Ventimille, où ils n'avoient osé tenter de se maintenir. Ainsi l'on étoit entré dans Ventimille, où l'on avoit fait trois cents prisonniers, & l'on avoit ravitaillé le château. Ces succès répandirent une grande joie dans Gênes. Après cette expédition, l'armée combinée de France & d'Espagne repassa le Var, pour prendre ses quartiers en Provence & en Savoye : mais ce ne fut qu'en laissant vingt bataillons dans le Comté de Nice,

Avantages des François dans le Comté de Nice.

T iij

pour veiller à la conservation de Ventimille.

Je ne dirai rien de quantité de petites actions particulieres qui se passerent durant le reste de l'hyver. La saison étoit trop rigoureuse pour entreprendre rien de considérable. Les tentatives que l'on fit de part & d'autre, sur les postes les plus exposés, eurent peu de suites. Durant cette petite guerre, le Duc de Richelieu, de concert avec les Chefs de la République, n'omettoit rien de ce qui pouvoit contribuer à mettre non seulement la Capitale, mais le reste de l'Etat à l'abri des nouveaux efforts auxquels les ennemis se préparoient.

Préparatifs de défense dans l'Etat de Gênes.

On acheva de perfectionner les nouveaux ouvrages qu'on avoit commencés autour de Gênes. Par ces fortifications nouvelles, les dehors de cette place se trouvoient étendus & multipliés au point qu'il auroit fallu, pour en faire le siege, une armée trois fois plus forte que celle que la Reine de Hongrie pouvoit faire agir en Italie. On ne prit pas de moindres précautions pour mettre les principales places de la côte Orientale en sûreté. Sestri-di-Levante,

Chiavari, Sarzanne, la Spécié furent les principaux objets des attentions du Gouvernement. Un corps de six mille hommes fut placé dans les environs de cette derniere place, dont on confia le Château au brave défenseur du Château de Ventimille, Mr. Dieffenthaller. Les secours de troupes qui arrivoient chaque jour de France, malgré la vigilance des vaisseaux Anglois, fournissoient assez de monde pour faire tête de tous côtés à la fois ; & si les ennemis occupoient toujours une grande partie de la côte Occidentale, ils étoient moins en état d'attaquer, qu'occupés à se défendre.

Ils avoient un poste important à Varaggio près de Savonne. Le Duc de Richelieu forma le projet de les en déloger, au commencement de l'année 1748 ; & il donna ses ordres le 4. de Janvier, pour l'exécution de cette entreprise. Ils furent exécutés avec tout le secret, toute la vivacité, toute la précision, dont il étoit besoin pour réussir.

Varaggio est un bourg fermé de murailles, où les Piémontois avoient six cents hommes. Le Marquis de Roque-

AN. 1747.

AN. 1748.
Le poste de Varaggio enlevé aux Piémontois.

pine, s'étant [...]
nuit avec quelques [...]
galeres, alla débarquer [...]
sans être apperçu, & [...]
occuper les hauteurs de [...]
Sur les trois heures [...]
rent des troupes que le C[...]
cado amenoit par terre. Au[...]
mit en devoir de forcer le [...]
l'on fit avancer une comp[...]
nadiers, qui enfonça les p[...]
de hache. Les Piémontois [...]
rent avec vigueur ; & l'a[...]
de part & d'autre. Enfin [...]
tenir plus long-temps, ay[...]
plus de deux cents hom[...]
les hauteurs qui domin[...]
de Savonne occupées pa[...]
mens qui leur coupoient [...]
se rendirent prisonniers de [...]

Cependant le Comte d[...]
hâtoit d'accourir en force p[...]
de secourir ce poste, ou pour l[...]
dre. Deux vaisseaux de guer[...]
étoient au même temps, [...]
de Vado pour le seconder [...]
quepine en ayant eu avis, [...]
à propos de l'attendre. Il [...]
d'empêcher les ennemis de [...]

nouveau dans ce bourg : il en enleva les portes, fit détruire une partie des murailles, & reprit la route de Gênes, emmenant avec lui ses prisonniers, au nombre de douze Officiers & de quatre cents neuf soldats. Le Comte d'A-gnano n'arriva que quelques heures après son départ. Il sentit bien que le poste de Varaggio n'étoit plus tenable. Il se borna donc à renforcer quelques postes en avant; & ayant laissé pour les soutenir quelques troupes dans une cassine, il prit le parti de s'en retourner.

Je me borne aux évenemens les plus importans, & je ne m'arrête point au détail de toutes les expéditions des partis respectifs. Enfin les Allemands semblerent vouloir commencer les opérations dont ils menaçoient depuis long-temps les Génois. Ils avoient fait depuis quelques mois de grands mouvemens du côté de la montagne de Cen-Croci ; & l'on ne doutoit presque plus que leurs plus grands efforts ne dussent tomber sur la côte Orientale. Cependant leurs premieres tentatives se firent de l'autre côté, soit qu'ils crussent que l'on étoit moins sur ses gardes dans cette partie, soit qu'ils voulussent

AN. 1748.

Attaque de Voltri par le Comte Nadafti.

détourner l'attention du véritable obj[et] des attaques qu'ils méditoient; so[it] qu'ils vouluſſent ſeulement prendr[e] leur revanche de l'affaire de Varagg[io.]

Le 17. de Février le Comte Nada[fti] ſe mit en marche vers Voltri avec qu[a]tre mille hommes & quatre pieces d[e] canon. Il partit de Campo-Frédo à l'en[t]rée de la nuit, ſur trois colonnes. L[a] colonne de la gauche, commandée p[ar] le Général Petrazzi, s'étendit ſur le[s] hauteurs qui dominent le vallon de l'A[-] qua-Santa, afin de couper la commu[-] nication de Voltri avec Gênes. La c[o]lonne de la droite, ſous les ordres [du] Comte de Sorre, s'avança vers le po[ſte] retranché des Capucins, ſitué entre l[es] vallons de l'Aqua-Senta & de la C[e]ruſe. Le Comte Nadafti, à la tête [de] la colonne du centre, ſe porta à l'O[ra]toria de Mello. Le 18. à neuf heur[es] du matin, le village de Mello & [le] poſte des Capucins furent attaqués a[u] mêmes temps. Ces deux poſtes co[u]vroient Voltri; & celui des Capuci[ns] étoit d'une telle importance, que [la] perte entraînoit néceſſairement celle [de] Voltri même.

Le Comte Nadafti avoit exéc[uté]

opération avec tant de diligence & secret, qu'on n'en avoit eu aucuns ... Le Marquis Monti, qui commandoit dans Voltri, n'avoit avec lui que deux régimens, Royal-Comtois & Royal-Baviere. Il se hâta de dépêcher au Duc de Richelieu un Officier pour l'instruire de ce qui se passoit, & fit dire au Comte de Carcado, qui étoit à Peggi avec le régiment de Bresse, de le venir joindre au plutôt. En attendant, il se disposa à soutenir jusqu'à la derniere extrémité les attaques des ennemis, quelque supérieurs qu'ils fussent.

Il ne s'obstina pas à défendre le village de Mello, poste trop peu important pour y sacrifier son monde dont il avoit besoin ailleurs. Il n'y avoit que cent cinquante hommes dans ce village, qui se replierent le long de la rive gauche d'Aqua-Santa, protégés par deux compagnies de grenadiers que Mr. Monti chargea du soin de favoriser leur retraite.

Tandis que les Allemands prenoient possession de Mello, & que Pétrazzi prolongeoit sa colonne sur les hauteurs qui dominent le rivage de la mer & le chemin de Voltri à Gênes, le poste

AN. 1747.

Brave résistance du Marquis Monti.

An. 1748.

des Capucins vivement attaqué se d[é]fendoit avec vigueur. Le Marquis Mor[i] s'y étoit transporté lui-même, & y f[ut] joint par le régiment de Bresse. Il so[u]tenoit depuis plus de six heures to[us] les efforts des troupes Allemande[s] qui commençoient à se rebuter d'u[ne] aussi opiniâtre résistance, lorsque [le] Chevalier Chauvelin arriva à son secou[rs] & lui annonça la marche du Duc [de] Richelieu avec des forces supérieure[s].

Il est secouru. Le premier soin du Chevalier Cha[u]velin fut d'assurer la jonction des tro[u]pes du Duc, en couvrant la commu[ni]cation avec Gênes, que la colonne [de] Petrazzi tâchoit de rompre; & il e[n]voya pour cet effet à Palmara le [ré]giment de Bresse, qu'il retira du po[ste] des Capucins, dont les ennemis aba[n]donnoient enfin l'attaque. Un autre o[b]jet, que pouvoit se proposer le Gén[é]ral Pétrazzi, étoit de s'emparer du p[a]lais Durazzo, & de forcer Voltri [de] ce côté, peu en état de défense. [Le] Chevalier Chauvelin renforça de de[ux] cents hommes les troupes qui oc[cu]poient ce palais & les maisons vo[isi]nes & fit quelques autres dispositio[ns] pour mettre cette partie à l'abri d[e] toute insulte.

Mais le Comte Nadasti commençoit à penser à sa retraite. Ayant appris que le Duc de Richelieu étoit déja à Pégli, & qu'il avoit garni par échellons toutes les hauteurs de Voltri à Gênes, le Général Autrichien craignit que la colonne commandée par Pétrazzi ne fût tournée & coupée. Il donna ordre qu'elle se repliât sur Mello, où toutes ses troupes se rassemblerent durant la nuit. Le régiment de Bresse & quelques autres troupes occuperent à l'instant les hauteurs que cette colonne venoit de quitter. Le lendemain le Comte Nadasti, appréhendant que les François ne se saisissent du poste de Massoné, par où il étoit obligé de faire sa retraite, prit avec précipitation le chemin de la poste deux heures avant le jour, & retourna delà à Campo-Frédo, où ses troupes se séparerent pour retourner dans leurs quartiers. Le Duc de Richelieu de son côté revint à Gênes, après avoir pris des mesures nouvelles pour la conservation des postes des environs de Voltri.

Ainsi se termina cette expédition, concertée par le Comte Nadasti avec habileté, exécutée avec diligence, pous-

AN. 1748.

Le Comte Nadasti est repoussé.

Il se retire sans être poursuivi.

AN. 1748.

...sée avec vigueur ; mais soutenue p[ar] le Marquis Monti avec une fermeté [&] une intelligence digne des plus gran[ds] éloges, & qui n'échoua que par l[es] mesures promptes & sages du Duc [de] Richelieu, & des Officiers qu'il em[-]ploya. Cette affaire coûta près de cin[q] cents hommes aux Allemands : l[es] François, sur qui toute la défense [de] Voltri roula, n'en perdirent pas ce[nt] trente. On ne tenta point de troubl[er] la retraite du Comte Nadasti. Il la co[m-]mença à la nuit : il avoit déja beauco[up] d'avance à la pointe du jour : les tro[u-]pes Françoises étoient fatiguées par u[ne] marche rapide : elles auroient beauco[up] risqué en s'engageant dans des défi[lés] dont le Comte Nadasti ne pouvoit ma[n-]quer d'avoir fait occcuper les hauteu[rs.] On ne pouvoit gueres espérer de joind[re] l'ennemi ; & l'on ne pouvoit pres[que] manquer de tomber dans ses embu[sca-]des. Ces réflexions déterminerent s[ans] doute le Duc de Richelieu à se co[n-]tenter de l'avantage d'avoir oblig[é les] Allemands de renoncer à leur en[tre-]prise.

Entreprise sur Savonne. Il en forma une à son tour, d[ont] les suites auroient été considérab[les]

…elle avoit réussi : c'étoit de surpren[dre] Savonne. Pour mieux cacher son [des]sein, il ne parut quelque temps at[ten]tif qu'aux mouvemens que faisoit, [ve]rs Cento-Croci, l'armée qui se pré[pa]roit à entrer de ce côté dans les dis[tri]cts de la côte Orientale de la Répu[bli]que sous les ordres du Comte de [Br]own. Le Duc se rendit lui-même le [3]0. de Mars à Sestri-di-Levanté, pour [ob]server ses mouvemens : mais avant [qu]e de partir il avoit donné ses ordres [po]ur l'exécution de son projet. En con[séq]uence on rassembla quantité de [bâ]timens dans le port de Gênes ; & le [3?]. au soir on y fit embarquer deux [mi]lle cinq cents hommes des troupes de [Fr]ance, & huit cents de celles d'Es[pag]ne. On fit au même temps marcher [des] troupes pour renforcer les postes [de] la Bocchetta & de Voltri ; & le Duc [de] Richelieu se rendit par mer dans [cet]te derniere place.

Les renforts envoyés aux postes de [Vo]ltri & de la Bocchetta n'avoient d'au[tre] objet que d'empêcher les troupes [qui] étoient aux ordres du Comte de [Br]own de rien tenter pour secourir [Sa]vonne, soit directement, soit en ef-

AN. 1748.

Le mauvais temps la fait échouer.

AN. 1745. fayant quelque diversion. Pendant q[ue] ces troupes étoient ainsi tenues [en] échec, on espéroit que celles qu'[on] avoit fait embarquer pour Savon[ne] y arriveroient avant le jour, surpre[n]droient la ville, & jettant quelqu[es] compagnies de grenadiers dans les p[a]lissades de la citadelle, empêcheroie[nt] la garnison de la place de se retirer da[ns] cette forteresse. Ce plan étoit prudem[m]ent concerté. Mais on ne put l'ex[é]cuter. Le mauvais temps, qui dura j[us]qu'au 26. au soir, ne permit pas d'a[gir] avec la diligence nécessaire pour fa[ire] réussir une affaire de cette nature. [Le] Commandant de Savonne en fut instr[uit] & se tint sur ses gardes. On s'avan[ça] jusqu'à une portée de fusil des murs [de] la ville; on brûla quelques magasi[ns] on fit quelques prisonniers : ce fut t[out] le fruit de cette tentative.

Disposition du Comte de Brown. Mais il fallut bientôt ne plus s'oc[cu]per que de préparatifs de défense. [Le] Comte de Brown, chargé d'être [le] principal Ministre de tout le resse[rre]ment de la Reine de Hongrie co[ntre] les Génois, se rendit à Parme le [...] d'Avril, & donna ordre aux tro[upes] rassemblées pour l'invasion qu'il [mé]dit[oit]

A L'HIST. DE GENES. 233

AN. 1748.

...itoit, de s'avancer, par Bercetto & Borgo-val-di-Taro, vers les frontieres de l'Etat de Gênes, menaçant ainsi à la fois toute la côte Orientale de cet Etat, surtout depuis la Spécié jusqu'à Chiavari; tandis que le Comte Nadasti faisoit toujours craindre quelque entreprise du côté de Voltri, ou de la Bocchetta.

Le Duc de Richelieu ne négligea rien pour être en état de faire tête par tout. Les postes de Voltri étoient suffisamment garnis; celui de la Bocchetta fut confié à deux mille François; le Marquis d'Ahumada, Général des troupes auxiliaires d'Espagne, établit son quartier à Chiavari; le Duc fixa le sien à Sestri-di-Levante; depuis cette derniere place jusqu'à la Spécié il y avoit environ douze mille hommes de troupes réglées, & autant de paysans armés. Chaque jour conduisoit à Gênes de nouveaux renforts partis des ports de France; & on les distribuoit à mesure dans les lieux qu'on craignoit le plus de voir attaqués. Au milieu de tant de motifs d'inquiétudes, on ne négligeoit pas les affaires de Corse, où les ennemis de la République augmen-

Précautions du Duc de Richelieu.

V.

234 Su[...]
toient les troubl[es...]
embarras des Gén[ois...]
cette Isle des vivres[...]
& des munitions de [...]

AN. 1748.

Affaires de Corse.

On avoit été assez [tran-]
quille sur ce qui s'y pa[ssoit...]
les Rébelles ne parlaient [plus de sou-]
mission, ils n'étoient pas [redou-]
dables pour inquiéter [... sous le]
nom de Théodore de [Neuhoff]
depuis plusieurs années [...]
que les Génois ne craig[noient.]
Mais ils s'allarmèrent [du]
voyage que Rivarola, [chef des]
révoltés, fit à la Cour [de ... à]
la fin de l'année 1747. [... d'a-]
bord qu'il n'avoit obtenu [...]
& des Puissances alliées [...]
trois cents hommes, quelq[ues ...]
& une promesse d'être seco[uru ...]
vaisseaux de guerre Anglo[is ...]
entreprendre le siége de [...]
on vit bientôt que l'inim[itié des en-]
nemis de la République [...]
tenir bien plus efficace[ment ...]
lion des Corses. [...]

Durant l'automne [...]
gros corps de [...]
ché de la Bastie. L[...]

des Corses ranima son parti, par l'espoir des secours prochains qu'il annonça; & son camp se grossit assez considérablement. Mais sa mort, arrivée peu de temps après, causa des divisions qui suspendirent les opérations projettées. Enfin Matra, devenu le principal Chef des Révoltés, pacifia ces dissentions, & se prépara à serrer de près la capitale de Corse.

L'artillerie ne lui manquoit pas. Le Roi de Sardaigne lui en avoit fait fournir. Mais ce qui redoubla les allarmes des Génois fut la nouvelle que douze cents hommes de troupes Autrichiennes & Piémontoises, sous les ordres du Chevalier Cumiana, s'étoient embarquées à Vado, vers la fin d'Avril, pour passer en Corse, & qu'elles avoient débarqué le 4. de Mai à San-Fiorenzo, dont les Rébelles étoient maîtres. Quelques jours après, elles joignirent le corps commandé par Matra, & s'étant emparées de quelques postes dans les environs de la Bastie, elles s'approchent de la ville, & commencerent le 8 à en faire le siege dans les formes. La citadelle étoit dans un état détestable, & la ville ouverte de toutes

An. 1748.

Siege de la Bastie.

Belle défense de cette place.

AN. 1748.

parts: on y manquoit de plomb, de pou[dre] & de munitions de bouche. L[a] Garnison étoit peu considérable. O[n] avoit bien envoyé six cents hommes e[n] Corse dès le commencement d'Avril avec Mr. Antoine Paßano, Commiß[aire] Général : mais ces troupes, dé[bar]quées à Calvi, n'avoient pû entre[r] dans la Bastie, déja bloquée par le[s] Rébelles ; & on avoit été obligé de le[s] jetter dans les châteaux de Calvi, d[e] Bonifacio & d'Ajaccio. On avoit don[c] lieu de craindre que le peu de troup[es] qui restoient dans la Bastie ne fuße[nt] pas en état de soutenir un siege : mais M[r.] Jean-Ange Spinola les commando[it]. Il inspira non seulement à sa peti[te] garnison, mais aux habitans, son zé[le] & son intrépidité. Tous offrirent d[e] défendre jusqu'aux dernieres extrém[i]tés ; & Mr. Spinola n'omit rien p[our] feconder, par les meilleures mesu[res] qu'il pût prendre, la valeur de [ces] braves gens. Il fit creneller les mai[sons] qui donnoient sur la campagne, & pratiqua dans les intervalles [des] coupures palissadées. Il garnit ces [en]droits de pelotons de soldats m[êlés] avec les habitans. Après ces prem[ières] dispositions, il fit enlever tout le plomb qui étoit dans les boutiques, celui des canaux, & la vaisselle d'étain, pour faire des balles, qui commençoient à manquer. Une barque de Capraia lui apporta le 18. dix barils de poudre, & il reçut le même jour des vivres que la République lui envoyoit. Ces petits convois le mirent en état d'en attendre de plus considérables; & il ne songea plus qu'à repousser les ennemis qui faisoient de puissans efforts pour emporter la place avant qu'elle fût secourue.

Après avoir été repoussés à l'attaque de quelques postes le 16. au soir, ils jetterent dans la ville grand nombre de bombes. Deux jours après, leurs batteries commencerent à tirer contre le couvent de saint François. Elles continuerent durant trois jours; & ce poste important, d'où la prise de la ville dépendoit, fut attaqué à plusieurs reprises avec beaucoup de vigueur: mais les assiégés, soldats & habitans, se défendirent avec tant de bravoure, qu'il fut impossible de leur faire perdre un pouce de terrain.

Cependant le Duc de Richelieu, in-

AN. 1748.

formé du siege de la Bastie, fit emba[rquer] le 21. quatre cents hommes [de] ses troupes, pour la dégager. Mr. Cu[s]say, Colonel du régiment de Tou[r]naisis, les commandoit, & port[a] aux assiégés quantité de munitio[ns] de guerre & de bouche. Mais les gal[e]res sur lesqueles étoient ces secou[rs] ayant rencontré des vaisseaux de gue[r]re Anglois, furent obligées d'interrom[]pre leur route.

Elle est sommée de se rendre, & refuse.

Les assiégeans, instruits sans doute [du] départ de ces galeres, tenterent de po[r]ter le Gouverneur à se rendre. Ils l[ui] offrirent une capitulation honorabl[e] le sommant de rendre la place à ces co[n]ditions, & lui donnant trois heur[es] pour prendre son parti. La sommati[on] fut faite le vingt-deux au matin. M[r.] Spinola n'y répondît que le lendemai[n.] Il marquoit qu'il ne devoit rendre [la] place qu'au Souverain qui la lui av[oit] confiée; qu'ainsi il entendoit la défe[n]dre jusqu'à la derniere extrémité. Il a[p]puya cette résolution par une sor[tie] qu'il fit faire le soir même, & qui coû[ta] aux ennemis environ quarante homm[es.]

Les batteries des assiégeans co[nti]nuerent de jouer vivement: ils en

...oient trois, chacune de quatre canons de 18 livres de balle, & plusieurs autres de mortiers. Ils tirerent plus de deux mille coups de canon, & jetterent plus de trois cents bombes : mais les assiégés tinrent ferme dans leur poste de saint François. Mr. Pédémonté, Lieutenant Colonel au service de France, & qui étoit arrivé le quatrieme jour du siege, pour reconnoître l'état de la place, & en faire rapport au Duc de Richelieu, prit le commandement de ce poste, & y fit faire un retranchement intérieur, afin de le mieux garantir. Cet habile Officier partagea avec Mr. Spinola les travaux & les honneurs d'une si belle défense.

Enfin le Chevalier Cumiana, ayant été informé que le secours commandé par Mr. de Cursay étoit sur le point d'arriver, & ne voulant pas s'exposer aux suites d'une retraite précipitée, leva le siege le 28. au matin, & reprit le chemin de San-Fiorenzo, après avoir fait embarquer son artillerie sur quelques bâtimens de transport qui l'attendoient. Cet évenement fit d'autant plus d'honneur aux braves défenseurs de la Bastie, qu'ils ne devoient qu'à eux-

An. 1748.

Levée du siege.

AN. 1748.

mêmes la conservation de cette place. On ne peut donner trop d'éloges à [la] bonne conduite & à la fermeté du Gouverneur, à l'activité infatigable des O[f]ficiers, à la bravoure de la garnison, au zele & à la valeur des habitans. Immédiatement après la levée du siege, les galeres de la République amenere[nt] le secours qu'on attendoit; & l'on n'eu[t] plus à craindre d'essuyer de nouvell[e] attaque. Le Chevalier Cumiana éto[it] d'ailleurs fort mécontent des Corses qui ne s'étoient occupés que de pillag[e] & les Corses eux-mêmes étoient int[i]midés par les placards que le Duc d[e] Richelieu fit afficher dans l'Isle, dan[s] lesquels le Roi de France menaçoit le[s] Corses rébelles, & promettoit sa pr[o]tection à ceux qui rentreroient da[ns] l'obéissance. Ainsi les affaires de Cor[se] devinrent assez tranquilles.

Préliminaires de paix.

Mais les Génois avoient bien d'a[u]tres sujets de joie. Dans le temps m[ê]me qu'ils avoient été menacés dans to[u]tes leurs possessions de la guerre la pl[us] animée, on dressoit à Aix la Chapel[le] des préliminaires de paix qui term[i]noient tous leurs malheurs. La Fran[ce] offroit toujours la paix pour elle & po[ur] ses alliés; ses ennemis commençoient à sentir qu'elle leur devenoit nécessaire. Dès le 30. d'Avril les Ministres de France, d'Espagne & des Etats Généraux, signerent des préliminaires ausquels les autres Puissances intéressées accéderent successivement. Il y étoit stipulé par rapport à la République de Gênes, qu'on lui rendroit tout ce dont elle étoit en possession avant la guerre, avec les mêmes droits, privileges & prérogatives, dont elle jouïssoit en 1740.

Le Ministre de la Cour de Vienne accéda aux articles préliminaires le 27. de Mai; le Roi de Sardaigne le 31. mais le Marquis Doria, Ministre plénipotentiaire de la République de Gênes, n'en ayant eu connoissance que le 18. ne put les signer avant le 28. du mois suivant. Les hostilités cesserent bientôt de toutes parts. Le Général Leutrum, qui commandoit les troupes Piémontoises dans le Comté de Nice, convint dès le 28. de Mai d'une suspension d'armes avec le Maréchal de Belle-Isle, qui se disposoit à agir. Cependant le Ministre du Roi de Sardaigne ne signa les préliminaires que

Suspension d'armes dans le Comté de Nice.

trois jours après. Mais le Comte de Brown n'en agit pas de même avec les Génois. Quoique sa Cour eût accédé aux préliminaires dès le 27. de Mai, il ne laissa pas de continuer ses préparatifs pour entrer en force sur le territoire de la République. Il ne crut pas sans doute devoir poser les armes, qu'il n'eût au moins tenté d'exécuter le projet de vengeance dont il étoit chargé; & dans les premiers jours de Juin il se mit enfin en mouvement, pour frapper le grand coup dont il menaçoit depuis si long-temps.

Opérations du Comte de Brown. Les Génois sentirent que c'étoit le dernier effort qu'ils avoient à soutenir. Leurs courages s'animoient à mesure qu'ils voyoient de plus près le prix de leurs travaux & la récompense de leur fermeté. Le Duc de Richelieu & le Marquis d'Ahumada avoient eu tout le temps de faire leurs dispositions : le Maréchal de Belle-Isle leur envoyoit tous les jours de nouveaux renforts; & le Comte de Brown avoit moins que jamais lieu de se flatter de réussir.

Son avantgarde, sous les ordres du Comte de Konigseg, se mit en marche le 3. de Juin, & fut suivie bientôt toute l'armée. La droite défila par Cento-Croci, & la gauche par Dénano. Les alliés des Génois ayant fait replier leurs postes avancés, l'armée Allemande se porta à Varese, & poussa un détachement à San-Pietro di Vara. Peu après le Comte de Brown se rendit lui-même à Varese, où il établit son quartier général.

AN. 1748.

Le 8. ses troupes s'avancerent sur quatre colonnes, vers les hauteurs de Chiavari ; & dans le même temps le corps qui étoit aux ordres du Comte Nadasti à Campofredo, & aux environs, tenta une invasion du côté de Campomoroné. Mais ce corps se retira d'abord à l'approche de quelques compagnies franches qu'on fit marcher contre lui. Cependant le Comte de Brown faisoit attaquer vivement les Espagnols près de Chiavari, du côté de la montagne de sainte Marguerite. Ceux-ci se défendirent avec vigueur, & furent soutenus à propos par quelques compagnies de grenadiers, & par divers piquets, que le Marquis d'Ahumada leur envoya ; tandis que le Duc de Richelieu marchoit pour couper les ennemis. L'action fut vive : les alliés des Génois

Il fait attaquer les hauteurs de Chiavari, & est repoussé.

X ij

An. 1748.

n'y perdirent gueres moins de six cent
hommes; mais les Allemands furent
enfin contraints de se retirer avec perte
de plus de deux mille.

Ce fut à cette attaque que se borna
la tentative du Comte de Brown. Dans
le jour même il fit savoir au Duc de
Richelieu que la Reine de Hongrie
avoit envoyé ordre à ses troupes de cesser ses hostilités en Italie. L'Amiral
Bing, qui commandoit la flotte Angloise
sur les côtes de Gênes, reçut peu de
temps après de semblables ordres de
sa Cour.

Cessation d'armes dans l'Etat de Gênes.

Les hostilités ne cesserent cependant pas sur le champ. Quelques difficultés retarderent la conclusion de la
suspension d'armes. Les Espagnols, un
peu resserrés dans leurs quartiers, jugerent à propos de se mettre plus au large, * & attaquerent les Allemands
dans quelques-uns de leurs postes avancés, d'où ils les chasserent après leur
avoir fait près de deux cents prisonniers. Deux jours après l'armistice fut
publié à la tête des troupes des deux
partis. Le Duc de Richelieu & le Marquis d'Ahumada revinrent à Gênes

* 23. de Juin.

milieu des acclamations du Peuple ; & ces deux Généraux reçurent de la République les marques de reconnoissance que méritoient leurs services. Tous deux furent inscrits dans le livre de la Noblesse Génoise. Le Sénat ordonna de plus, qu'on érigeroit au Duc de Richelieu une statue de marbre, qui seroit placée dans le grand salon du Palais. Ce Seigneur reçut dans le même temps la nouvelle que le Roi son maître l'avoit nommé Maréchal de France.

AN. 1748.

Comme toutes choses étoient à peu près réglées par les articles préliminaires de paix, le traité définitif ne tarda pas à être signé. L'Impératrice Reine y accéda * sans réserve, quoique dans son accession aux préliminaires elle eût semblé user de quelque restriction au sujet du traité de Worms ; exception que les Ministres plénipotentiaires des autres puissances contractantes avoient formellement rejettée. La République de Gênes accéda de son côté au traité définitif le 28. d'Octobre, & le Roi de Sardaigne le 7. de Novembre. L'article qui concernoit la République, portoit qu'elle seroit rétablie

Traité définitif de paix.

* Le 20. d'Octobre.

AN. 1748.

dans toutes les possessions dont elle jouissoit avant la guerre; que l'argent qu'elle, ou ses sujets, avoient aux banques de Vienne & de Turin, & qui avoit été confisqué, seroit rendu; enfin que le payement des intérêts de cet argent commenceroit à courir du jour de l'échange des ratifications. Telles furent les conditions que les Génois, si cruellement menacés, surent obtenir par leur fermeté, & la fidélité de leurs alliés.

Fin des hostilités en Corse.

Il ne restoit à la République d'inquiétudes que pour la Corse. Les hostilités durerent dans cette Isle, assez long-tems après qu'elles eurent cessé en terre-ferme; & la suspension d'armes n'y fut publiée que vers la moitié de Septembre. Jusqu'à ce temps il s'y passa quantité de petites actions, dans le détail desquelles je n'entrerai point. Il fut enfin réglé qu'il y auroit cessation d'armes. Non seulement les troupes Autrichiennes & Piémontoises, qui étoient à San-Fiorenzo sous les ordres du Chevalier Cumiana, étoient comprises dans cet armistice; on y comprit aussi les Corses mécontens, pourvu qu'ils déposassent leurs armes, & consentissent

An. 1748.

de se soumettre à la République, sous la protection de la France, aux conditions dont on conviendroit par l'interposition de Sa Majesté Très-Chrétienne. Peu après, les troupes Autrichiennes & Piémontoises sortirent de l'Isle; & les Rébelles, abandonnés des Puissances qui les avoient soutenus, songerent à faire leur accommodement. Les Génois, désormais tranquilles dans toutes leurs possessions, commencerent à joüir de la paix, & ne songerent plus qu'à réparer les maux que leur avoit causés une guerre aussi terrible que celle qu'ils venoient d'essuyer; & que leurs vrais intérêts leur avoit rendue inévitable.

Fin du Supplément.

ORDRE CHRONOLOGIQUE

Des divers changemens de gouvernement des Génois.

Av. J. C. 205. GEnes détruite par les Carthaginois, rétablie peu après par les Romains.

An, de J. C. 78. Elle embrasse le Christianisme, & reste sous la domination Romaine jusqu'à l'invasion des Goths.

Vers 550. Gouvernée par des Ducs.

638. Prise par les Lombards.

774. Soumise à Charlemagne, & gouvernée par des Comtes.

Vers 888. Elle devient indépendante, & se choisit des Consuls pour la gouverner.

1190. Elle élit pour principal Magistrat un Podestat étranger.

1191. Elle crée de nouveau des Consuls

Ordre Chron. des Doges. 249

1194. Elle rétablit le gouvernement d'un Podestat.

1257. Les Génois élifent, pour les gouverner, un Capitaine du Peuple.

1270. Ils créent deux Capitaines du Peuple.

1291. Un feul Capitaine choifi parmi les étrangers.

1296. Deux Capitaines du Peuple, tous deux Génois.

1300. Un feul Capitaine, étranger.

1306. Deux Capitaines du Peuple, tous deux Génois.

1309. Un feul Capitaine du Peuple, Génois.

1310. Le gouvernement remis à un Confeil de douze perfonnes.

1311. L'Empereur Henri VII. élû Souverain de Gênes pour vingt ans.

1313. Le gouvernement transporté à un Confeil de vingt-quatre perfonnes.

1315. On élit de nouveau un Podestat étranger.

1317. On crée de nouveau deux Capitaines du Peuple, Génois.

1319. Robert Roi de Naples, & le Pape

Pape Jean XXII. Souverains de Génes.

1335. Deux Génois derechef Capitaines du Peuple.

1339. Création d'un Doge perpétuel.

1353. Jean Visconti, Seigneur de Génes, & ses successeurs Ducs de Milan.

1356. Gouvernement d'un Doge perpétuel, rétabli.

1396. Charles VI. Roi de France, Souverain de Gênes.

1409. Théodore Paléologue, Marquis de Monferrat, Capitaine général de Gênes.

1413. Gouvernement d'un Doge perpétuel, rétabli.

1421. Philippe-Marie Visconti, Duc de Milan, Souverain de Gênes.

1436. Rétablissement du gouvernement d'un Doge perpétuel.

1442. Le gouvernement est transporté à huit chefs, sous le nom de Capitaines de la liberté Génoise.

1443. Rétablissement du gouvernement d'un Doge perpétuel.

1458. Charles VII. Roi de France, Souverain de Gênes.

1461. Rétablissement d'un Doge perpétuel.

1464. François Sforce, Duc de Milan, & ses successeurs, Souverains de Gênes.

1477. Huit Capitaines de la liberté gouvernent les Génois.

1478. J. Galéas Sforce, Duc de Milan, Souverain de Gênes.

1479. Doge perpétuel rétabli.

1488. J. Galéas Sforce, de nouveau Souverain de Gênes: Ludovic Sforce lui succede.

1499. Louïs XII. Roi de France, Souverain de Gênes.

1506. Doge perpétuel rétabli.

1507. Louïs XII. derechef Souverain de Gênes.

1512. Doge perpétuel rétabli.

1513. Gênes de nouveau soumise à Louïs XII.

1513. Doge perpétuel rétabli.

1515. Les Génois soumis derechef au Roi de France.

1522. Doge perpétuel rétabli.

1526. Gênes encore soumise à la France.

1528. Etablissement d'un Doge biennal, & de la forme de gouvernement qui subsiste encore aujourd'hui.

SUITE CHRONOLOGIQUE des Doges perpétuels, depuis 1339 qu'ils ont commencé, jusqu'en 1528, qu'ils ont fini.

1339. Simon Boccanegra. I.
1344. Jean de Morta.
1350. Jean de Valenti.
. . . .
1356. Simon Boccanegra, *rétabli*. II.
1363. Gabriel Adorne.
1370. Dominique Fregose.
1378. Antoine Adorne. I.
——— Nicolas Guarco.
1383. Fréderic Pagana.
——— Leonard Montaldo.
1384. Antoine Adorne, *rétabli*. II.
1390. Jacques Fregose.
1391. Antoine Adorne, *rétabli*. III.
1392. Antoine Montaldo. I.
1393. François Justiniano.
——— Antoine Montaldo, *rétabli*. II.
1394. Nicolas Zoaglio.

####### Antoine Guarco.
####### Antoine Adorne, *rétabli*. IV.

1413. Georges Adorne.
1415. Barnabé Guano.
####### Thomas Fregose. I.

1436. Isnard Guarco.
####### Thomas Fregose, *rétabli*. II.

1443. Raphaël Adorne.
1447. Barnabé Adorne.
####### Jean Fregose.
1448. Louïs Fregose. I.
1450. Pierre Fregose.

1461. Prosper Adorne.
####### Spinetta Fregose.
####### Louïs Fregose, *rétabli*. II.
1462. Paul Fregose. I.
####### Louïs Fregose, *rétabli*. III.
1463. Paul Fregose, *rétabli*. II.

1479. Baptiste Fregose.
1483. Paul Fregose, *rétabli*. III.

1506. Paul de Novi.

. . . .

1512. Jean Fregose.

. . . .

1513. Octavien Fregose.

. . . .

1522. Antoine Adorne.

*SUITE CHRONOLOGIQU[E]
des Doges biennaux, depuis 152[8]
jusqu'à présent, avec les dates de leu[r]
élection.*

Obert Cataneo,	12. Décembre	152[8]
Baptiste Spinola,	4. Janvier	153[1]
Baptiste Lomellino,		153[3]
Christ. Grimaldi Rosso,		153[3]
Jean B. Doria,		153[3]
André Justiniani,		153[7]
Leonard Castaneo,		154[0]
André Centurioné,		154[2]
Jean B. Fornari,		154[2]
Benoît Gentilé,		154[2]
Gaspard Braccelli Grimaldi,		154[2]
Luc Spinola,		155[2]
Jacques Promontorio,		155[2]
Augustin Pinello,		155[2]
Pierre Jean Ciaréga Cibo,		155[2]
Jerôme Vivaldi,		155[1]

DES DOGES. 255

Paul-Baptiste Giudice Calvo, 1561
Baptiste Cigala Zoaglio, 4. Oct. 1561
Jean B. Lercaro, 7. Octobre 1563
Octavien Gentilé Odérico, 11. Oct. 1565
Simon Spinola, 15. Octobre 1567
Paul Monéglia Justiniani, 9. Oct. 1569
Gianotto Lomellino, 10. Octob. 1571
Jacq. Durazzo Grimaldi, 6. Oct. 1573
Prosp. Faltinanti Centurioné, 17. Octobre 1575
Jean B. Gentilé, 19. Octobre 1577
Nicolas Doria, 20. Octobre 1579
Jerôme de Franchi, 21. Octobre 1581
Jerôme Chiavari, 4. Novembre 1583
Ambroise di Négro, 8. Novembre 1585
David Vaca, 14. Novembre 1587
Baptiste Négroné, 20. Novemb. 1589
Jean-August. Justiniani, 25. Nov. 1591
Ant. Grimaldi Céba, 27. Novem. 1593
Math. Sénaréga, 5. Décembre 1595
Lazare Grimaldi Céba, 10. Déc. 1597
Laurent Saoli, 22. Février 1599
Augustin Doria, 24. Février 1601
Pierre de Franchi, 26. Février 1603
Luc Grimaldi, 1. Mars 1605
Sylvestre Inuréa, 3. Mars 1607
Jerôme Afféreto, 22. Mars 1607

Auguſtin Pinello,	1. Avril 160?
Alexandre Juſtiniani,	6. Avril 161?
Thomas Spinola,	21. Avril 161?
Bernard Clavarezza,	23. Avril 161?
Jean-Jacques Imperiale,	29. Avril 161?
Pierre Durazzo,	2. Mai 161?
Ambroiſe Doria,	4. Mai 162?
Georges Centurioné	25. Juin 162?
Fréderic de Franchi,	25. Juin 162?
Jacques Lomellino,	6. Juin 162?
Jean-Luc Chiavari,	28. Juin 162?
André Spinola,	26. Juin 162?
Leonard Torré,	30. Juin 163?
Jean-Etienne Doria,	9. Juillet 163?
Jean-François Brignolé,	11. Juil. 163?
Auguſtin Pallavicini,	13. Juillet 163?
Jean B. Durazzo,	28. Juillet 163?
Jean-Auguſt. Marini,	14. Août 164?
Jean B. Lercaro,	4. Juillet 164?
Luc Juſtiniani,	21. Juillet 164?
Jean B. Lomellino,	24. Juillet 164?
Jacques de Franchi,	1. Août 164?
Auguſtin Centurioné,	23. Août 16??
Jerôme de Franchi,	8. Novembre 16??
Alexandre Spinola,	9. Octobre 16??
Jules Saoli,	12. Octobre 16??
Jean B. Centurioné,	15. Octob. 16??

Je

DES DOGES

Jean-Bernard Frugoni, 28. Oct. 1661
Antoine Inuréa, 29. Mars 1661
Etienne Mari, 12. Avril 1663
César Durasso, 18. Avril 1665
César Gentilé, 10. Mai 1667
François Garbarini, 18 Juin 1669
Alexandre Grimaldi, 27. Juin 1671
Augustin Saluzzo, 4. Juillet 1673
Antoine Passano, 11. Juillet 1675
Gianettino Odone, 16. Juillet 1677
Augustin Spinola, 29. Juillet 1679
Luc-Marie Inuréa, 13. Juillet 1681
Franç. Marie Impérialé, 18. Août 1683
Pierre Durazzo, 23. Août 1685
Luc Spinola, 27. Août 1687
Oberto Torré, 31. Août 1689
Jean B. Cattaneo, 4. Septembre 1691
François Marie Saoli, 1693
Ondinelli Négroné, 1695
François Iurea, 1697
Jérôme Mari, 1699
Frédéric Franchi, 1701
Antoine Grimaldi, 1703
Etienne-Honoré Gierello, 1705
Dominique-Marie Mari, 1707
Vincent Durazzo, 1709
François-Marie Impérialé. 1711

Tome III. Y

Jean-Antoine Justiniano,	1713
Laurent Centurioné,	1715
Benoît Viali,	1717
Ambroise Impérialé,	3. Octobre 1719
César Franchi,	8. Octobre 1721
Dominique Négroné,	1723
Jerôme Vénéroso,	15. Janvier 1726
Luc Grimaldo,	22. Janvier 1728
François-Marie Balbi,	24. Janv. 1730
Domin. Marie Spinola,	29. Janv. 1732
Jean-Etienne Durazzo,	30. Janv. 1734
Nicolas Cattanéo,	8. Février 1736
Constantin Balbi,	9. Fév. 1738
Nicolas Spinola,	10. Février 1740
Dom. Marie Canavaro,	20. Fév. 1742
Laurent Mari,	27. Février 1744
Jean-Fr. Marie Brignolé,	28. Fév. 1746
César Catanéo,	5. Mars 1748

Fin de la Chronologie des Doges.

TABLE
DES MATIERES
Contenues dans l'Histoire des Révolutions de Gênes.

Les Volumes sont désignés par les chiffres Romains, I. II. III.

A

Abbé du Peuple. Création de cette charge, I. *page* 77. Sa suppression. 139
Acre. Les Vénitiens en chassent les Génois, I. 65
Adémar, premier Comte de Gênes, arme contre les Sarrazins, I. 3
Adorne (Antoine) élû Doge, I. 172. Déposé le même jour, *ibid.* Ses menées & ses projets, 179 *& suiv.* Il attaque le Doge Guarco dans le Palais, 185. Il tente inutilement de se faire Doge, 186. Il ne peut ni être élû, ni empêcher l'élection de Montaldo, & il se retire, 187. Il est élû Doge après la mort de Montaldo, 188. Son caractère, 189. Conspiration contre lui, 190. Il abandonne le gouvernement,

Y ij

191. Il revient, & chasse Pierre Frégose, 193. Il est élû Doge, *ibid.* Nouveaux soulevemens contre lui, *ibid. &* 195. Obligé de se sauver, 196. Réfugié à Venise, 197. Sa tentative pour se rétablir dans Gênes, 198. Inutile, 199. Tentative nouvelle, 202. Il entre dans Gênes, 203. Il est chassé par Antoine Montaldo, 204. Fait prisonnier, 207. Relâché, *ibid.* Son adresse à se faire de nouveau élire Doge, 210. Il abdique, & engage les Génois à se mettre sous la protection de la France, 213. *& suiv.* Nommé Gouverneur de Gênes au nom du Roi de France, 215. Céde sa place à Valéran de Luxembourg, 216. Meurt de la peste, *ib.* Son caractere, 217.

Adorne (Auguftin) Gouverneur de Gênes au nom du Duc de Milan, I. 336. Dépossédé lorsque Louis XII. se fait reconnoître Souverain de Gênes, 358

Adorne (Barnabé) élû Doge, I. 266. Dépossédé par Jean Frégose, 267

Adorne (Gabriël Antoine) élû Doge, I. 164. Ses guerres contre les Ducs de Milan, les Nobles mécontens, & les Montaldo, 165. Il s'accommode avec eux, 166. Soulevement contre lui, 167. Il quitte Gênes, 168. Condamné à l'exil, *ib.*

Adorne (Georges) arrêté à Savone par le Marquis de Monferrat, I. 234. Relâché, 235. Elû Doge, *ibid.* Conspiration contre lui, 236. Ses fils l'empêchent d'abdiquer, 237. Il abdique enfin, 238.

Adorne (Paul) appellé par Jean d'Anjou contre Pierre Frégose, I. 281

Adorne (Prosper) s'oppose à Paul Frégose,

I. 286. s'accorde avec lui, 287. Eſt élû
Doge, 288. Ses liaiſons avec le Duc de
Milan, ibid. Il aſſiege les François dans
le Château de Gênes, ibid. & ſuiv. Il ſe
rend odieux aux Génois, 290. Il eſt chaſſé de Gênes par Paul Frégoſe, 294. Il ai-
de le Duc de Milan à ſoumettre les Génois, 315. Il entre dans Gênes avec l'armée Milanoiſe, 316. Il en eſt fait Gouverneur par le Duc de Milan, 317. La Cour
de Milan le veut dépoſſéder, 321. Il fait
révolter le Peuple, 323. Il eſt forcé de
ſortir de Gênes, 328

orne (Raphaël) élû Doge, I. 264. On
lui perſuade d'abdiquer, 266. Il eſt chaſſé
par Jean Frégoſe, 267

orne (Antoine) Gouverneur de Gênes
pour le Roi de France, II. 14. Forcé par
les Frégoſes de ſortir de la Ville, 15. Élû
Doge, 34. Aſſiégé dans Gênes par les
François, 36. Se retire dans le Château,
39. Ne peut s'y maintenir, ibid.

orne (Jerôme) ſes entrepriſes ſur Gênes,
II. 19. Elles échouent, & il eſt fait pri-
ſonnier, 21. Soutenu de l'Empereur, il
tente de ſurprendre Gênes, 25. Il ne réuſ-
ſit point, 26. Il gouverne Gênes ſous le
nom du Doge ſon frere, 34. Il négocie
une ligue pour le maintien du repos de
l'Italie, 35. Sa mort, ibid.

orne (le Marquis) refuſe de rendre la Citadelle de Savone, malgré les ordres du
Sénat de Gênes, III. 174. Se diſpoſe à ſe
défendre juſqu'à l'extrémité, ibid. & ſuiv.
Il capitule, 186

ornes (les) ſe liguent avec les Fieſques en

faveur de la France, II.

Ajaccio, ville de Corse, prise par Sampiero & saccagée, II. 10

Albenga se souleve contre les Génois, I. 4

Aleria, ville de Corse, saccagée par Pompiliani, chef des Corses rébelles, II. 33

Alexandrins, en guerre avec les Génois au sujet de Capriata, I. 50 & suiv.

Alfonse V. Roi d'Arragon, forme une entreprise sur la Corse, I. 240. Il est repoussé 241. Les Génois défendent Gaette contre lui, 248. Ils battent sa flote & le font prisonnier, 252. Il fait la paix avec eux 262. Sa mort, 27

Algaïola, petite ville de Corse, les Génois la défendent mal, II. 343. Les Corses rébelles la prennent & la brûlent, ibid.

Algaïola. Les Corses rébelles tentent de s'emparer de cette place, III. 48. Elle est bloquée par eux, 59. Etat de cette petite ville,

Almérie prise par les Génois, I.

Alvaradino (Claude) chef des rébelles de Corse à la place de Pompiliani, II. 33 Ses ravages, 339. Il est soupçonné d'être d'intelligence avec les Génois, & déposé

Amfreville (le Marquis d') fait une descente du côté de Bisagno avec sept cents hommes, II. 293. Est repoussé,

Artillerie vûe pour la premiere fois en Italie, I.

Asferetto (Blaise) Amiral des Génois, la flote d'Alfonse & fait ce Prince prisonnier, I. 251. & suiv.

Astelli, l'un des chefs des rébelles de Corse

est mis en liberté, III. 8. Il passe à Livourne, *ibid.*

Assengo reprend le Château de Zuccarello, & y fait prisonniers ceux qui venoient de s'en emparer, III. 160

Avaray (le Marquis d') attaque & force le poste de Lento en Corse, III. 95

Avocats, leurs différends avec les Castelli, I. 24. Apaisés, 27

B

Banque de S. Georges. Voyez *Maison de S. Georges.*

Barissone veut se faire Roi de Sardaigne, I. 21. est soutenu par les Génois & par l'Empereur, 22. *& suiv.*

Bassin d'une seule émeraude, pris par les Génois, I. 13

Bastie (la) ville de Corse, prise par le Marquis de Termes, II. 99. Reprise par André Doria, 104. Inutilement attaquée par les François, 114. Assiégée par les Corses rébelles, 348. Délivrée, 352

Bastie (la) prise par Rivarola, III. 146. Elle chasse la garnison des Rébelles, 150. Attaquée de nouveau par Rivarola 214. Dégagée par le Comte de Choiseuil, *ibid.* assiégée encore par les Rébelles, 234. Sa belle défense, 235. *& suiv.* Le siege est levé, 239

Beaujeu (le Comte de) veut exciter des troubles en Corse, III. 132. Ses tentatives n'ont point de suites, *ibid.*

Berenger II. Roi d'Italie, confirme les Génois dans leurs possessions, I. 4

Beuvrigny fait naufrage sur les côtes de Corse, III. 81. Belle conduite de cet Officier, *ibid. & suiv.*

Bissi (le Marquis de) passe à Gênes & y prend le commandement des troupes Françoises, III. 213. Ses soins & ses opérations, *ibid.*

Boccanégra (Baptiste) soulevé contre Antoine Adorne, I. 194. Ligué avec Antoine Montaldo, 203. Se souleve contre Montaldo, est pris, & condamné à perdre la tête, 205. Le Doge lui fait grace, *ibid.* Elû par les Génois pour les gouverner à la place du Gouverneur François, 221. Il est dépossédé par les factions contraires, *ibid.* Boucicaut le fait arrêter, & lui fait couper la tête, 224.

Boccanégra (Guillaume) élû premier Capitaine du Peuple, I. 62. Conjuration contre lui, 66. Il se démet de sa charge, 67.

Boccanégra (Simon) élû Abbé du Peuple, I. 139. Nommé premier Doge, 141. Il apaise le tumulte élevé contre les Nobles, 142. Sa prudence & sa modération apparente, 143. Conjurations contre lui découvertes, 144. Sa vigueur contre le Marquis de Final, & quelques autres Vassaux de l'Etat de Gênes, 145 *& suiv.* Il se démet, 148. Son ambition secrette & ses projets, 161. Il est élû Doge pour la seconde fois, 163. Conspiration contre lui, 164. Sa mort & son caractère, *ibid.*

Bocchetta (le défilé de la) est occupé par le Marquis de Botta, III. 162. Il est abandonné par les Autrichiens, 184. Repris par eux, 169.

Boissieux

DES MATIERES. 265

Boissieux (le Comte de) passe en Corse avec des troupes Françoises, III. 67. Comment il s'y conduit, 69. Il fait publier un Reglement de pacification, 75. Il le fait exécuter, & désarme les Corses, 78. Suite de ses opérations, 79. *& suiv.* Sa mort, 87

Bolgaro (Paul) chargé de conclure la capitulation de Gênes, II. 30. Est cause que la Ville est emportée d'assaut, 31

Bombardement de Gênes par la flote Françoise, II. 287. *& suiv.* Interrompu, 289. Recommencé, 290. Finit, 298

Bonifacio, ville de Corse assiégée par les François, II. 100. Capitule, *ibid.*

Bonrepos, Intendant de la flote Françoise, offre aux Génois de faire cesser le bombardement de leur ville à certaines conditions, II. 289. Ils refusent de les accepter, 290

Botta (le Marquis de) force Gênes à capituler, III. 163. Il traite rigoureusement les Génois, 169. *& suiv.* Ses précautions contr'eux, 176. Attaqué par les Génois soulevés contre lui, 181. Forcé de sortir de Gênes, 183. Obligé d'abandonner le passage de la Bocchetta, 184. Il rassemble ses troupes de toutes parts, 185. Ses efforts pour s'emparer de la Bocchetta, 188. Repoussé, *ibid.* Il s'en empare, 189. Il est rappellé à Vienne, 193

Boucicaut (le Maingre de) Gouverneur de Gênes pour le Roi de France, arrive à Gênes, & s'y fait respecter, I. 223. Sa conduite ferme, 224. *& suiv.* Il passe en Chypre, & fait lever le siege de Famagouste, 227. Ses autres expéditions, *ibid.*

Tome III. Z

Son défi au Doge de Venise, 228. Mécontentement des Génois contre lui, 229. Va recevoir le serment de fidélité du Duché de Milan, 230. Soulevement général contre lui à Gênes pendant son absence, 231. & *suiv.* Après quelques tentatives inutiles pour y rentrer, il est contraint de repasser en France, 235.

Boufflers (le Duc de) passe à Gênes, III. 201. Projette d'attaquer les Autrichiens dans leurs postes, *ibid.* Ses opérations, 204. & *suiv.* Ses précautions & ses soins, 207. Sa mort, 219.

Briga (la) les Génois prennent cette place sur le Duc de Savoye pendant leur trêve avec ce Prince, II. 204.

Brown (le Comte de) ses dispositions pour marcher contre Gênes, III. 232. Il tente d'exécuter ce projet, 242. Ses opérations, 243. Elles sont terminées par la paix, 244.

Buffo, place au Duc de Savoye, saccagée par les Génois durant la trêve, II. 206.

C

Caffa enlevé aux Génois par les Turcs, I. 304.

Calcagno (Vincent) confident du Comte de Fiesque, II. 63. Son caractere, 64. Son avis sur le projet de conjuration du Comte, 65. Il passe en France, 85. S'enferme dans Montobio avec Jerôme de Fiesque, 88. Il est pris & puni, 92.

Calvi, ville de Corse, assiégée par les François, II. 100. Ils levent le siege, 101. Ils l'assiegent de nouveau, 112. Le siege encore levé, 113. Troisieme siege inutile, *ibid.* Bloquée par les Corses rébelles, 343. Ils se retirent, 354

Calville (Nicolas) Gouverneur de Gênes au nom du Roi de France, I. 219

Capitaines de la liberté Génoise. Création de cette charge, I. 77. & 264

Capitaine du Peuple. Création de cette charge, I. 62

Capriata acquise par les Génois, I. 40. Saccagée par les Alexandrins, 41. Rendue aux Génois, 42

Carcado (le Comte de) habile manœuvre de cet Officier, III. 214. *& suiv.*

Castelli, leurs différends avec les Avocati, I. 24. Appaisés, 27. Nouveaux troubles occasionnés par les Castelli, 28

Castiglione (Brando de) Evêque de Côme, Gouverneur de Gênes pour le Duc de Milan, I. 321. Les mesures qu'il prend pour déposséder Prosper Adorne, 321 *& suiv.* Troubles en conséquence, 322. *& suiv.*

Catalan (le Marquis Catalan Alfieri) Commandant des troupes de Savoye, prend Piévé, II. 240. Est assiégé dans Castel-Vecchio, 249. Le parti qu'il prend de se faire jour l'épée à la main, 250. Il y réussit, 251

Catalans en guerre contre les Génois, I. 94. Suites de cette guerre, 127. Ils font la paix, 131

Cavallo (Manuel) action hardie de ce Génois, II. 10

Charles VI. Roi de France, reconnu Souverain de Gênes, I. 213. A quelles condi-

Z ij

ditions, 214.

Charles VII. Roi de France, Souver[ain de]
Gênes, I.

Charles VIII. Roi de France. Les G[énois]
offrent de se soumettre à lui, I. 337[.]
Commissaires arrivent trop tard, [trou-]
vent Gênes soumise au Duc de M[ilan,]
ibid. Il cede ses droits à ce Duc. [Il]
fait une tentative sur Gênes, 344. [N'y]
réussit pas, 347. Mort de ce Prince[.]

Charles d'Anjou, Roi de Sicile, trait[e avec]
les Guelfes, qui offrent de le fai[re Sou-]
verain de Gênes, I.

Charles Emanuel (Duc de Savoye)[est]
en guerre contre les Génois au [sujet de]
Zuccarello, II. 167. Se ligue avec la [Fran-]
ce, *ibid.* Et avec les Vénitiens, [ibid. Il]
réunit ses troupes avec celles de [France]
commandées par Lesdiguieres, & [com-]
mence ses opérations, 173. Ses p[remiers]
progrès, *ibid. & suiv.* Ses revers[, ibid.]
Sa trêve avec les Génois, 202. Se[s plain-]
tes contre Gênes au sujet de la s[eigneurie]
de la Briga, 205. Il tente inuti[lement]
d'user de représailles, 206. Se[s plaintes]
sur le saccagement de Busso, 207[. Ap-]
puie la conjuration de Vachero [contre]
Gênes, 208. Mouvemens inutil[es qu'il]
se donne pour sauver les conju[rés, 216.]
& suiv. Ses plaintes sur la mor[t de Va-]
chero & de ses complices, 217. [Tente]
en vain de le concilier avec les [Génois,]
220. Sa mort,

Choiseul (le Comte de) passe en C[orse pour]
secourir la Bastie, III. 214. Il l[ève]

Chypre. Expédition des Génois dans cette Isle, I. 168. & suiv.

Ciatten (Philibert Evaristo) chef des Corses rébelles à la place d'Alvaradino, II. 341. Convoque une assemblée générale à San-Fiorenzo, 342. Titre qu'il prend, *ibid.*

Cibo (Eléonor) femme du Comte de Fiesque, fait de vains efforts pour détourner son mari de la conjuration qu'il avoit formée, II. 80. Elle n'est point enveloppée dans les suites malheureuses de cette affaire, 92. Son second mariage, *ibid.*

Cibo (Jules) frere d'Eléonor, veut réveiller l'entreprise des Fiesques contre Gênes, II. 93. Est arrêté & mis à mort, *ibid.*

Ciccaldi (Girolamo) chef des Rébelles, II. 338. Ses opérations, *ibid. & suiv.* est arrêté, 389

Ciccaldi est mis en liberté, III. 8. Il passe au service d'Espagne, *ibid.*

Comtes de Gênes, I. 3

Conrad II. Empereur, confirme les Génois dans leur droit de battre monnoie, I. 11

Contades (M. de) commande les troupes Françoises en Corse, III. 87. Arrangemens qu'il fait exécuter, *ibid.*

Corse. Les Génois s'en emparent, I. 3. Elle est prise par les Pisans, 5. Les Pisans renoncent à leurs prétentions sur cette Isle, 8. Ils forment une entreprise pour s'en emparer, 82. & suiv. Tentative du Roi d'Arragon sur la Corse, 240. Troubles dans cette Isle, 319. Nouveaux troubles qui y sont excités, 331

Corse. Révolution dans cette Isle en faveur des François, II. 95. & suiv. Paix de la

Z iij

France avec l'Espagne; la Corse est comprise dans ce Traité, 118. En conséquence elle est laissée aux Génois, qui pardonnent aux Insulaires rébelles, 119. Nouveaux troubles excités dans cette Isle par Sampiero, 124. & suiv. Appaisés, 144. Mécontentemens des Peuples de cette Isle, 318. Leurs plaintes & leur révolte, 321. & suiv. Prétentions des Rébelles, 325. & suiv. Suspension d'armes, 339. Nouvelles hostilités des Rébelles, 342. & suiv. Leurs progrès, 343. Nouvelle suspension d'armes, 346. Secours arrivés aux Corses, ibid. Leurs nouvelles entreprises, 348. & suiv. Secours fournis aux Génois par l'Empereur, arrivent en Corse, 352. Amnistie publiée au nom des Génois, 354. Maniere dont les Corses font la guerre, 358. Nouvelle trêve, 359. Nouvelles hostilités, 364. Galeres Espagnoles relâchent à San-Fiorenzo, 366. Inquiétudes qu'elles causent, ibid. Nouvelle amnistie, 370. Les Rébelles continuent d'agir, ibid. Nouveau secours de l'Empereur passe en Corse, 378. L'Empereur offre sa médiation aux Corses, 379. Ils demandent du temps pour se déterminer. 380. Leurs espérances, 381. On les attaque vigoureusement, ibid. & suivantes. Ils pensent à se soumettre, 383. Ils députent vers Schmettau, ibid. Suites de cette négociation, ibid. & suiv. Conférences tenues à Corté, 387. Protestations de quelques villages, ibid. Traité conclu, 388.

Corse. Les troupes Impériales quittent cette Isle, III. 1. Nouveaux troubles qui s'y

DES MATIERES. 271
élevent, 4. & *suiv*. Reglement qui les termine, 10. Mécontentemens nouveaux, 12. Leurs suites, 14. & *suiv*. Révolte générale des Insulaires, 16. Bruits au sujet de cette révolte, 18. Les Rébelles érigent une République indépendante, 21 & *suiv*. Désunion parmi eux, 28. Leurs propositions d'accommodement, 34. Rejettées, 35. Ils proclament Roi Théodore, Baron de Newhoff, 37. Leurs progrès, 44. Secours qu'ils reçoivent, 60. & *suiv*. Leur attachement pour Théodore, 66. Les François passent en Corse, 67. Leurs négociations avec les Rébelles, 70. & *suiv*. Cessation d'hostilités, 71. Pacification, 75. & *suiv*. Quelques districts s'opiniâtrent à la révolte, 77. Hostilités nouvelles, 78. & *suiv*. Renforts de France envoyés en Corse, 81. Divers partis dans cette Isle, 89. M. de Maillebois y attaque les Rébelles, 90. & *suiv*. Pourparlers avec eux, 92. Ils sont forcés de se soumettre, 94. & *suiv*. La Corse se pacifie, 103. & *suiv*. Les troubles y renaissent, 108. Prétentions des Corses, 114. Les hostilités recommencent, 115. & *suiv*. Progrès des Rébelles, 120. On reprend les négociations avec eux, 121. & *suiv*. Etat équivoque de cette Isle, 123. Elle est tout à-fait pacifiée, 129. Nouveaux troubles que les Anglois y excitent, 144. Divisions entre les Insulaires, 150. Succès des Rébelles, 213. Les François passent dans cette Isle, & dégagent la Bastie, 214. Nouveaux efforts des révoltés, 234. Leurs divisions à la mort de leur chef Rivarola, 235. Ils as-

Z iiij

siegent de nouveau la Bastie, *ibid. & suiv.*
Ils sont obligés de lever se siege, 239.
Fin des hostilités en Corse, 246
Corselino, sa belle défense dans Penna, II. 258
Corté ville de Corse, se rend aux François, II. 99. Prise par les Génois, 108. Reprise par les François, 109
Crussol (le Marquis de) attaque les Corses à Bigorno, III. 95

D

Dandolo (André) Amiral Vénitien, sa défaite, son désespoir & sa mort, I. 100
Dieffenthaller, belle défense de cet Officier, dans le Château de Vintimille, III. 172. *& suiv.*
Doge, création de cette charge, I. 14
Doges, selon le reglement porté pour la réformation de l'Etat, doivent être élûs tous les deux ans, II. 49. Raisons pour lesquelles on ne marque point les noms, ni les élections des Doges depuis cette époque dans le cours de cette histoire, 87
Doria (Barnabé) créé Capitaine du Peuple, I. 103, Marie sa fille au Marquis de Saluces, 105. Brouilleries à cette occasion *ibid*. Il est déposé, 106. Il se venge, 107
Doria (Hubert) ses intrigues avec Huber Spinola, I. 75. Troubles en conséquence, 76. Créé Capitaine de la liberté Génoise, 77. Commande la Flote de Gênes, 86. Bat celle de Pise, 88. Renonce à sa charge, 91. On lui substitue son fils Conrad Doria qui abdique, 93. Et est ré-

tabli, 99

Doria (Lambert) créé Capitaine du Peuple, I. 99. Bat la Flote Vénitienne, 100. Se démet de sa dignité, 102

Doria (Lucian) Amiral de Gênes, bat la Flote Vénitienne, I. 172. Il est tué au milieu de sa victoire, 173. Son éloge, *ibid.*

Doria (Pagano) Amiral de Gênes, bat la Flote de Venise, I. 157. Nouvelle victoire, 159. Son triomphe, *ibid.* Ses vertus & sa pauvreté, 160. La République fait les frais de sa sépulture, *ibid.*

Doria (Pierre) Amiral de Gênes, assiege Venise, I. 174. Il refuse la paix aux Vénitiens, 175. Ses fautes, 176. Il est emporté d'un coup de canon, 177

Doria (Raphaël) Capitaine du Peuple, I. 130. obligé de sortir de Gênes, 142

Doria (André) ses premiers emplois, II. 37. Il sert les François qui assiegent Gênes, *ibid.* Ses mécontentemens contre la France, 41. Il passe au service de l'Empereur, 43. Il se rend maître de Gênes, & l'affranchit de la Domination Françoise, 44. Fait assiéger Savonne, & quelques autres places qui se rendent, 45. *& suiv.* Réforme l'Etat, & fait un nouveau plan de gouvernement, qui subsiste encore, 47. Il est fait Censeur pour toute sa vie, 51. Statue qu'on lui éleve, *ibid.* Tentative des François pour l'enlever, 52. Ils manquent leur coup, *ibid.* Il adopte Jeannetin Doria, 60. Jalousie du Comte de Fiesque, & sa conjuration pour perdre les Doria, 59. *& suiv.* Doria échappe aux

Conjurés, 81. Se sauve à Masoné, 82. Rentre dans Gênes, & fait révoquer le pardon accordé aux Conjurés, 88. La cruelle vengeance qu'il exerce contre Ottobon Fiesque, 92. Il passe en Corse pour défendre cette Isle contre les François, 101. Il bloque San-Fiorenzo, 103. Prend la Bastie, 104. Il sort de la Corse, 108. Il revient avec une Flote sur les côtes de cette Isle, & fait lever le siége de Calvi, 112. Sa mort & son caractere, 119 *& suiv.*

Doria (Etienne) passe en Corse pour s'opposer à Sampierro, II 128. Son système de Guerre, 129. *& suiv.* Il est remplacé par Vivaldo, 137

Doria (Jean-André) Capitaine général du parti des anciens Nobles de Gênes, II. 157. Ses opérations à la tête des troupes de ce parti, 158. *& suiv.*

Doria (Jean-Jerôme) Capitaine général des Génois dans la guerre contre le Duc de Savoye, II. 172. Son projet de guerre défensive, 173. Ses opérations, *ibid. & suiv.* Il rassure les Génois consternés, 177. Ses exploits, 179. Il est fait prisonnier dans Piévé, 187

Doria (Jeannetin) adopté par André Doria, II. 60. Il obtient la survivance des emplois d'André, *ibid.* Il est la dupe des caresses affectées du Comte de Fiesque, 70. *& suiv.* Assassiné par les complices de la conjuration de ce Comte, 81

Doria (Jerôme) déclaré rébelle pour avoir conspiré dans Gênes en faveur des Frégoses, II.

DES MATIERES. 275

Drost (le Baron de) neveu de Théodore, arrive en Corse, III. 56. Se retire à Ziccaro, 97. S'y retranche, 100. Se sauve sur une montagne où il se fortifie, 101. Revient à Ziccaro, 102. Refuse les facilités qu'on lui offre pour sortir de l'Isle, 115. Abandonne Ziccaro, *ibid.* Est attaqué & se défend en désespéré, 106. Il consent à s'embarquer, & passe à Livourne, *ibid.*

Ducs de Gênes, I. 2

Ducs de Milan. Voyez *Visconti* & *Sforce.*

E

Empereurs. Voyez *Frédéric I. II. Henri VI. & VII.*

Entrée de Louïs XII. dans Gênes, I. 378. *& suiv.*

Espagne (Roi d') Voyez *Philippe II.* & *Philippe IV.*

Excommunications lancées contre les Génois les allarment peu, I. 80

F

Famagouste livrée aux Génois, I. 169. Assiégée en vain par le Roi de Chypre, 171. Assiégée de nouveau, & délivrée par Boucicaut, 226

Farnel (Pierre) Evêque de Meaux, commande à Gênes en l'absence de Valéran de Luxembourg, I. 218. Ne peut faire respecter son autorité, 219. Retourne en France, *ibid.*

Fazzana, Tour dont les Génois s'emparent en Corse, 64

Ferdinand, Roi de Naples, soutient Pierre Fregose contre Jean d'Anjou & les Génois, I. 277. & suiv.

Fiesques, chefs du parti Guelfe à Gênes, I. 78. & suiv.

Fiesque (Charles) élû Capitaine du Peuple, I, 113. Il se demet, 116.

Fiesque (Jean-Antoine) se souleve contre le Doge, I. 263. Le fait prisonnier, 264. Sort de Gênes mécontent de l'élection d'un nouveau Doge, 265.

Fiesque (Matthieu) escalade Gênes, I. 312. Force le Gouverneur de Gênes pour le Duc de Milan, de se sauver dans le Château, 313. Fait nommer de nouveaux Magistrats pour Gouverner Gênes, *ibid.*

Fiesque (Obietto) arrive dans Gênes, & est mis à la tête des affaires, I. 314. Défend la Ville contre l'armée Milanoise, 316. Se retire dans un Fort, 317. Se rend, 318. Est arrêté, 320. Relâché, 326. Trahit le parti de Prosper Adorne, 328. Tente d'exciter de nouveaux troubles à Gênes, 340. Se sauve avec son fils, 341. Sa constance, 342. Sa tentative sur Gênes, 344. Il est repoussé, 347. Sa mort 349.

Fiesque (Jean-Louïs) Comte de Lavagna. Son ambition & ses intrigues dès sa jeunesse, II. 59. Sa jalousie contre les Doria, 60. Ses négociations avec la France, le Pape, & le Duc de Parme & de Plaisance, 61. Il fait part à trois de ses confidens de son dessein, 6 . Détail de son projet, 68. Sa politique, 69. Diverses mesures prises d'abord, changées ensuite,

72 Derniers arrangemens, 78. & *suiv.* Exécution du projet, 80. & *suiv.* Il se noie en l'exécutant, 83. Son caractere, 86

Fiesque (Jerôme) assassiné par les Fregoses, II. 12

Fiesque (Jerôme) frere du Comte de Fiesque, veut soutenir la conjuration après la mort de son frere, II. 83. Consent de metre bas les armes, & on lui permet de se retirer à Montobio, 85. Son pardon révoqué, 88. Il est assiégé dans son Château de Montobio, 90. Se rend à discrétion, 91. Il a la tête tranchée, 92

Fiesque (Louis-Marie) retiré en France, ses prétentions sur la succession du Comte de Fiesque, II. 275. & *suiv.* Il est appuyé du Roi de France, *ibid.* Ce qu'il obtient, 306

Fiesque (Ottobon) passe en France après la malheureuse issue de la conjuration du Comte de Fiesque son frere, II. 85. Pris à Porto-Hercole par les Espagnols, & livré à André Doria, qui le fait jetter dans la Mer, 92

Fiesque (Othon & Sinibaldo) se liguent avec les Adornes en faveur de la France contre le Doge Fregose, II. 13

Fiesque (Scipion) son entreprise contre Gênes, II. 19. Il est repoussé & pris, 21

Final, ce Marquisat cédé aux Génois, I. 145

Final acquis par les Génois, II. 316

Final cédé au Roi de Sardaigne par la Reine de Hongrie dans le Traité de Wormes, III. 126. Illégitimité de cette cession, 127. Les Génois y envoient des troupes, 128. Il est garanti aux Génois par les Rois de France, d'Espagne & de Naples, 133. Bombardé par les Anglois, 142. Il se rend au Roi de Sardaigne, 166

Flote Angloise, exerce des violences sur les côtes de Gênes, III. 124. *& suiv.* Nouvelles hostilités de cette Flote contre les Génois, 134. Elle bombarde Savone, 141. Gênes, 143. Final & San-Remo, *ibid.* Elle allarme les Génois pour la Corse, 144. *& suiv.*

Fornari (Jean-Baptiste) accusé d'intelligences secrettes avec la France, arrêté & puni, II. 94

France (Rois de) Voyez *François I. Henri II. & IV. Louis XII. XIII. & XIV.*

François I. (Roi de France) ses vûes sur l'Italie, II. 21. Il négocie avec Octavien Fregose, qui lui remet Gênes, 23. Il la perd, 30. Ses nouveaux desseins sur cette Ville, 36. Ses troupes l'assiegent, *ibid.* Elles la forcent à se rendre, 39

Frédéric I. Empereur, ses différends avec les Génois, I. 15. *& suiv.* Ses traités avec eux, 18. Il leur donne en fief toute la rive de la Ligurie depuis Monaco jusqu'à Porto-Venere, 19

Frédéric II. Empereur, ses différends avec Gênes, I. 45. *& suiv.* Sa mort, 60

Fregose, (Baptiste) embrasse le parti du Duc de Milan, I. 326. Travaille pour lui, & est élû Doge, 328. Dépossédé par son oncle, 329. Passe le reste de sa vie dans l'étude & la retraite, 330

Fregose (Dominique) élû Doge, I. 168. Conjuration contre lui découverte, *ibid.* Il est déposé & mis en prison, 172

DES MATIERES. 279

Fregose (Jacques) élû Doge, I. 102. Son caractere, *ibid*. Obligé de céder la place à Antoine Adorne, 193. Mis en prison, *ibid*.

Fregose (Jean) chasse le Doge Barnabé Adorne, I. 267. Est élû en sa place, & meurt l'année suivante, *ibid*.

Fregose (Louïs) élû Doge, I. 267. On le déplace, *ibid*. Chasse les François du Château de Gênes, 295. Est rétabli Doge, *ibid*. Obligé de se démettre, 296. Elû de nouveau & dépossedé, *ibid*. Sa mort, 350

Fregose (Paul) Archevêque de Gênes, se met à la tête d'un parti, I. 286. Son caractere, *ibid*. S'oppose aux François, 291. Combat contre eux & les repousse, 292. Sa mésintelligence avec Adorne, 293. Il le chasse, & fait élire Doge Spinetta Fregose, 294. Chasse le Doge Louïs Fregose, & se fait élire en sa place, 296. Se démet, *ibid*. Elû de nouveau, *ibid*. Son mauvais gouvernement, 297. *& suiv*. Mécontentement des Génois, 299. Il sort de Gênes, *ibid*. Court le long des côtes avec quelques Navires, 301. Il se sauve en Corse, *ibid*. Fait Cardinal, 329. Elû Doge, *ibid*. Mécontentemens contre lui, 332. Révolte, 333. Il se jette dans le Château, 334. Il se démet, 336. Joint la flote du Roi de Naples qui s'avance contre Gênes, 340. Veut exciter un soulevement dans la Ville, *ibid*. Il ne réussit pas, 341. Sa mort, 350

Fregose (Pierre) conspire contre le Doge Antoine Adorne, I. 190. Il est arrêté, *ibid*. Délivré par la retraite du Doge, 191.

Se souleve contre le Doge Ant[oine]
Montaldo, 200. Proclamé Doge.
Cede sa place à Promontorio,

Fregose (Pierre) élu Doge, I. 268. Sou[lé]
vement contre lui, *ibid. & suiv.* Re[nd]
Gênes à Charles VIII. Roi de Fran[ce]
270. Son mécontentement, 275. Ses [in]
trigues, 276. *& suiv.* Ses premiers p[ro]
jets échouent, 277. Il en forme de n[ou]
veaux, 278. Il surprend Gênes, 279[. &]
suiv. Il est tué, 282. Son caractere,

Fregose (Roland) entreprend de se faire [Do]
ge, I. 223. Il ne réussit point,

Fregose (Spinetta) élû Doge, I. 294. C[ede]
la place à Louis Fregose,

Fregose (Thomas) élû Doge, I. 239[. Sa]
bonne conduite, 240. Il se retire.
Ses intrigues, 243. *& suiv.* Il est ré[élu]
Doge, 260. Conspiration contre [lui,]
ibid. & suiv. il est fait prisonnier,
Il se retire à Sarzane. On offre de le [faire]
Doge : il refuse,

Fregose (Alexandre) tente de faire r[évol]
ter les Génois contre la France, Il
est arrêté,

Fregose (César) sert dans l'armée des [Fran]
çois qui assiegent Gênes, II. 38. S[e]
core les François lorsqu'ils tentent [d'esca]
lader Gênes, 55. Il pousse viveme[nt l'at]
taque dont il est chargé, 56. Il e[st obligé]
de se retirer,

Fregose (Jean) entre dans Gênes av[ec quel]
ques troupes, & s'y fait élire Do[ge,]
7. *& suiv.* Il se rend maître du C[hâteau]
& assiege le fort de la Lanterne, 9[.]
Il est chassé par les Fiesques & le[s]

DES MATIERES. 281
nes, 14
Fregose (Octavien) créé Doge, II. 15. Il prend le fort de la Lanterne sur les François, & le fait raser, 17. Il remet Gênes aux François, 23. Il en est nommé Gouverneur au nom du Roi de France, 24. Assiégé par les troupes de l'Empereur, 26. Il veut capituler, 30. Est emporté d'assaut, 31. Pris, 33. Sa mort & son caractere, *ibid.*
Fregose (Zacharie) massacré par les Fiesques, II. 14

G.

*G*Aëte, défendue par les Génois contre Alfonse, I. 248. Siege de cette place, 249. *& suiv.* délivrée; 252
Gavi, acquis par les Génois, I. 35
Gavi, pris par le Duc de Savoye, II. 183. Repris par les Génois, 194
Gazelli pris par les Génois, II. 254. Affreux stratageme des habitans, *ibid.* Il est saccagé, *ibid.*
Gênes. Ses commencemens, II. 1. Embrasse le christianisme, 2. Ses Ducs, *ibid.* Ses Comtes, 3. Ses Consuls, 4. Est ruinée par les Sarrazins, *ibid.* Sa premiere guerre contre Pise, 5. Prend part aux Croisades, 6. Ses premiers agrandissemens, 7. *& suiv.* Sa seconde guerre contre Pise, 8. Troisieme guerre contre Pise, 9. Changemens dans son gouvernement, 10. Ses accroissemens, 11. Guerre contre les Sarrazins d'Espagne, 12. Ses différends avec Frédéric I. 15. *& suiv.* Quatrieme

Tome III. Aa

guerre contre Pise, 20. & suiv. Ses troubles domestiques, 24. Premier Podestat, 29. Changemens dans le gouvernement, 34. & suiv. Son commerce, 35. Première guerre contre Venise, 37. Guerre contre les Alexandrins, 40. & suiv. Secourt les Maures de Ceuta, 42. Se venge de leur ingratitude, 43. & suiv. Troubles domestiques, 44. Différends avec Frédéric II. 45. & suiv. Nouvelle guerre contre Pise, 47. & suiv. Premier Capitaine du Peuple, 62. Nouvelle guerre contre Venise, 64. Appaisée, 65. Recommencée, 67. & suiv. Croisade, 74. Paix avec Venise, 75. Troubles domestiques, ibid. Nouvelle guerre contre Pise, 82. & suiv. Paix, 89. Changemens dans le gouvernement, 93. Nouvelle guerre contre Venise, 94. & suiv. Paix, 101. Nouveaux changemens dans le gouvernement, 107. 109. & suiv. Guerres civiles, 112. & suiv. Gênes assiégée par Spinola, 114. & suiv. Levée du siege, 117. Nouveau siege, 119. & suiv. Il est levé, 124. Paix, 126. Changemens dans le gouvernement, 130. Premier Doge, 135. Troubles dans l'Etat, 145. & suiv. Guerre contre Venise, 155. & suiv. Gênes soumise aux Ducs de Milan, 158. Paix avec Venise, 160. Gênes se soustrait à la domination Milanoise, 163. Guerre recommence avec les Vénitiens, 170. Paix avec eux, 179. Troubles domestiques, 180. & suiv. Gênes se donne à la France, 214. Nouveaux troubles, 217. & suiv. Elle se donne au Marquis de Monferrat, 232.

DES MATIERES.

Reprend des Doges, 235. Guerre contre le Roi d'Arragon, 240. Contre le Duc de Milan, 241. Ce Duc est Souverain de Gênes, 242. Guerre contre Venise, 247. Paix, 248. Gênes se souleve contre le Duc de Milan, 257. Changemens dans le gouvernement, 258. & *suiv.* Gênes se donne à Charles VII. Roi de France, 270. Se souleve contre lui, 285. Changement de gouvernement, *ibid.* & 296. Se soumet au Duc de Milan, 298. Se souleve contre lui, 310. & *suiv.* Lui est derechef soumise, 316. S'y soustrait encore, 322. Retourne sous sa domination, 336. Passe sous la puissance de Louis XII. Roi de France, 351. S'y soustrait, 372. Se défend contre lui, puis se rend à discrétion, 378. La maniere dont elle est traitée par ce Prince, 380. & *suiv.*

Gênes. Entreprises du Pape sur cette Ville, II. 2. & *suiv.* Jean Fregose y entre & se fait élire Doge, 7. Change quatre fois de maîtres dans une année, 15. Elle est livrée à François I. Roi de France, par le Doge Octavien Fregose, 24. Assiégée par l'armée de l'Empereur, 26. Prise d'assaut, 31. Elle est pillée, 32. & *suiv.* Assiégée par les François, 36. & *suiv.* Elle se rend, 39. Mise en liberté par André Doria, 44. Réformation de son gouvernement, 47. & *suiv.* Les François tentent de s'en emparer, 55. Sont repoussés, 56. Gênes en bonne intelligence avec la France, 57. Risques qu'elle court par la conjuration du Comte de Fiesque, 59. & *suiv.* Brouillée avec la France, 94. Son repos troublé par les différends des anciens nobles avec les nouveaux. 145. & *suiv.* Fin de ces troubles, 163. Elle entre en guerre avec le Duc de Savoye, 165. & *suiv.* Conquêtes des Génois sur le Duc, 197. & *suiv.* Paix entre la France & l'Espagne, où Gênes est comprise, 201. Trêve entre les Génois & le Duc de Savoye, 202. Traité définitif de paix, 227. Nouvelle guerre de Gênes contre le Duc de Savoye, 236. Avantages des Génois, 250. & *suiv.* Leur paix avec le Duc, 267. Gênes se brouille avec la France, 273. & *suiv.* Elle est bombardée & presque bouleversée. 287. & *suiv.* Elle se résout à faire au Roi de France les satisfactions qu'il exige, 304. Traité de paix en conséquence, 305. Son exécution, 308. & *suiv.* Diverses inquiétudes des Génois à l'occasion des guerres de leurs voisins. 314. Nouvelles allarmes au sujet de la Corse, 362. Mécontentemens de la France apaisés, 363. Satisfaction des Génois à cette Couronne, 377

Génois (les) ont beaucoup de répugnance à mettre en liberté les chefs des Rébelles de Corse, III. 2. & *suiv.* Mécontentemens de la Cour d'Espagne contre eux, 5. Appaisés, *ibid.* Ils rendent la liberté aux chefs des Rébelles, 7. & *suiv.* Leurs inquiétudes au sujet de la guerre dont l'Italie est menacée, 13. Leurs préparatifs, 14. Leurs efforts contre les Corses, 37. Leurs écrits au sujet de Théodore proclamé Roi de Corse, 44. & *suiv.* Ils mettent sa tête à prix, 60. Ils obtiennent du secours de France, 65. Leurs inquiétudes à la mort de l'Empereur Charles VI. 111. & suiv. Allarmes que leur causent les Anglois, 127. Leur surprise au sujet du Traité de Worms, 128. Ils se liguent avec la France, l'Espagne, & le Roi de Naples, 133. Ils joignent leurs troupes à celles de ces Puissances, 135. Leurs motifs pour cette démarche, 136. La flote Angloise leur cause de vives allarmes, 141. & suiv. Elle jette quelques bombes sur la ville sans grand effet, 143. Les Génois capitulent avec le Marquis de Botta, 163 & suiv. Dureté avec laquelle ils sont traités, 165. & suiv. Liberté & tranquillité rétablies dans Gênes, 185. Nouveaux sujets d'allarmes, 189. Préparatifs des Génois pour se défendre, 191. Secours qu'ils reçoivent de France, 195. Ils défendent pied à pied les approches de Gênes, 197. & suiv. Retraite de leurs ennemis, 211. Etat des affaires des Génois, 217. Les préliminaires de la paix les flattent d'une tranquillité prochaine, 240. & suiv. Ils sont attaqués par le Comte de Brown, 242. Cessation des hostilités, 244. Paix définitive, 245

Gentile (Jerôme) chef du soulevement des Génois contre le Duc de Milan, I. 308 Son projet échoue, & il se tire heureusement d'affaire, *ibid.*

Gentile, arrêté à Gênes pour avoir eu part à la révolte des Corses, III. 9. Mis en liberté, 129. Impliqué de nouveau dans la révolte des Corses, 152. Est arrêté & puni de mort, 152

Giaffcri (Louis) chef des Corses rebel[les]
négocie des secours à Livourne, II.
Devenu chef des Rébelles, 361. Ses
nœuvres, *ibid. & suiv.* Son entreprise [sur]
Sarténé, 371. *& suiv.* Il oblige les ha[bi]
tans de rentrer dans la place, 373. Il [bat]
le secours qui marche pour la déf[ense]
374. Il force la Ville 375. Il par[donne]
aux habitans, *ibid.* Son caractere,
& suiv. Il est arrêté,

Giafferi, chef des Rébelles de Corse, e[st]
mis en liberté, III. 8. Ce qu'il devi[ent]
ibid. Il repasse en Corse 20. Conspirati[on]
pour le livrer aux Génois, 21. El[le]
découverte & punie, *ibid.* Sa ten[tative]
sur la Bastie, 36. Ses autres opérati[ons]
militaires, *ibid.* Il est nommé géné[ralis]
sime des Corses par Theodore, 4[2].
vient avec plusieurs autres Chefs re[met]
tre ses armes, 95. Il sort de l'Isle de C[or]
se, 97. Son portrait,

Ginestra député par les Corses mécontens
rend à Gênes, III. 12. Est mal reç[u au]
Sénat, 14. Son retour en Corse [re]
nouvelle les troubles,

Grecs établis dans la Corse, II. 344.
défense de cent vingt-sept de ces G[recs]
contre les Rébelles de cette isle, *ib[id. &]*
suiv. Leur générosité,

Grégoire XIII. (le Pape) tente d'ap[aiser les]
troubles de Gênes,

Grillo (Simon) Amiral de Gênes,
les soupçons qu'on avoit contre lui
nes, I. 69. S'empare de plusieurs va[isseaux]
Vénitiens,

Grimaldi (Antoine) Amiral de Gê[nes]

tu par sa faute, I. 158
Grimaldi (Gaspard) élû Capitaine du Peuple, I. 113. Il se démet, 116
Grimaldi (les) chefs des Guelfes, I. 58. & *suiv.*
Grimaldo (Ottaviano) ses opérations militaires en Corse, III. 28
Guarco (Antoine) se souleve contre le Doge Zoaglio, I. 206. Est fait Doge en sa place, *ibid. & suiv.* On se souleve contre lui, 207. Il est forcé de se retirer, 208
Guarco (Barnabé) élû Doge, I. 238. On conspire contre lui, 239. Il se sauve, *ibid.*
Guarco (Isnard) se souleve contre le Doge George Adorne, I. 236. Est élû Doge, 260. Son élection annullée, *ibid.*
Guarco (Louis) se souleve contre le Doge Antoine Montaldo, I. 200. Sa faction est dissipée, *ibid.*
Guarco (Nicolas) élû Doge, I. 172. Douceur de son gouvernement, 179. & *suiv.* On se souleve contre lui, *ibid. & suiv.* On l'oblige de se sauver, 185. Il est rappellé, 187. Mis en prison, 188
Guelfes & Gibelins. Commencement de ces deux factions à Gênes, I. 60. Leurs chefs, *ibid.* Les troubles qu'ils causent, *ibid. &*
suiv.

H.

Henri VI. Empereur, aidé par les Génois à conquerir la Sicile, I. 30 Peu reconnoissant de ce service, 31. & *suiv.*
Henri VII. Empereur. Les Génois se soumettent à lui pour vingt ans, I. 110. Il meurt l'année suivante, *ibid.*
Henri III. Roi de France, protege le parti

des nouveaux Nobles de Gênes, II.
Henri IV. Roi de France, ses projets su[r]
nes prévenus par sa mort, II.

I

J *Acoboue*, nouveau chef des Rébell[es]
Corse, III. 9. Ses tentatives, *ibid.*
pris,
Idiaquès, Ministre d'Espagne, tâche de [pa]-
cifier les troubles de Gênes, II.
Jean XXII. Pape, est reconnu, avec Ro[bert]
Roi de Naples, pour Chef de l'Eta[t de]
Gênes pendant dix ans,
Jean d'Anjou, Duc de Lorraine, prend [pos]-
session de Gênes au nom de Charles [VII.]
Roi de France, I. 270. Sa politique [271.]
Assiégé dans Gênes par la flote d'A[lfonse]
Roi d'Arragon, & les mécontens G[énois,]
274. Délivré de ce danger par la [mort]
d'Alfonse, *ibid.* Fait partir une flote [pour]
Naples, 278. Surpris dans Gênes [par les]
Fregose, 280. Il appelle Paul Ado[rne à]
son secours, 281. Il part pour con[quérir]
le Royaume de Naples,
Innocent XI. (le Pape) s'intéresse p[our les]
Génois auprès de Louïs XIV. I[I.]
Leur obtient la paix aux conditi[ons &]
satisfactions que le Roi prescrit,
Isola-Rossa, position de cette île [III.]
Les Génois y sont repoussés par le[s]
rébelles, 51. Ils s'en emparent [Les]
Corses la leur enlèvent,
Juges choisis par les Génois chez l[es étran]-
gers, I.
Jules II. (Pape) trouble la tranqu[illité]

Gênes, II. 2. Son entreprise contre cette ville échoue, 3. Nouvelle tentative aussi inutile, 4. *& suiv.*
Justiniano (François) élu Doge, I. 202. Il abdique, *ibid.*
Justiniano commande en Corse, III, 121. Ses négociations avec les Rébelles, 122

L

*L*Anfranchi arrêté à Gênes au sujet de la rébellion de la Corse, III. 9
Lannoy (Rodolphe de) Gouverneur de Gênes pour Louis XII. I. 382
Lavateggio, ville de Corse, attaquée & forcée par M. de Villemur, III. 93
Léonard (le Pere) pacifie la Corse, III. 130. Succès prodigieux de ce Missionnaire, *ibid.*
Lercaro (François-Marie-Impérialé) Doge de Gênes, vient en France faire excuse au Roi au nom de sa République, II. 309. Sa harangue, *ibid. & suiv.* Façon dont le Roi en use avec lui, 312. *& suiv.*
Lesdiguieres (le Connétable de) conclut un Traité de ligue au nom de la France avec le Duc de Savoye, II. 168. Il joint l'armée du Duc avec les troupes auxiliaires de France, 171. Ses opérations, 173. *& suiv.* Il se brouille avec le Duc de Savoye, 185. Il est obligé de faire retraite, 193
Livouine (le Marquis de) sollicité par la Torré de le présenter au Duc de Savoye, II. 232. Consulte sur cela le Marquis de Pianezze son pere, 233. Il présente la Torré au Duc, *ibid.*

Tome III. B b

Louis XI. Roi de France, ne possede que Savone dans l'Etat de Gênes, I. 297. Il la cede au Duc de Milan, *ibid.*

Louis XII. Roi de France, ses prétentions sur divers Etats d'Italie, I. 351. Est reconnu Souverain de Gênes, *ibid.* Il arrive à Gênes, 353. Les Génois se soulevent contre lui, 369. Sa colere contre eux, 370. Le Pape tente envain de l'apaiser, 372. Il marche contre Gênes, 373. La force à se rendre à discrétion, 378. Y fait son entrée, 379. Maniere dont il la traite, 380. Il retourne en France, 382.

Louis XII. Donne de l'argent aux Génois pour réparer leur ville, II. 1. Il refuse aux Génois de changer leur Gouverneur, 6.

Louis XIII. Roi de France, se ligue avec le Duc de Savoye contre les Génois, II. 167.

Louis XIV. Roi de France, s'emploie pour procurer la paix à l'Italie, II. 256. Ses mécontentemens contre les Génois, 274. Représentations qu'il fait faire au Sénat de Gênes, 281. N'obtenant point les satisfactions qu'il demande, il arme pour se venger, 282. Sa flote arrive devant Gênes, *ibid.* Ses prétentions. 284. Il fait bombarder Gênes, 287. *& suiv.* Satisfactions qu'il obtient, 301. *& suiv.* Traité de paix avec les Génois, 305. Le Doge en personne vient lui faire les excuses de la République, 319. Son discours au Roi *ibid.* Réponse de ce Prince, 31.

Luce II. Pape, confirme les possessions des Génois en Syrie, I. 11. Leur remet ce qu'ils lui payoient comme ses feudataires pour la Corse, 11.

Luxembourg (Valéran de) de Gouverneur de Gênes pour la France, I. 216. Il quitte Gênes à cause de la peste, 218

Luzardo (Baptiste Franchi) élû par les Génois pour les gouverner au nom du Roi de France, I. 222. Il se retire, *ibid*. Reprend cette place, 223. Il est déposé, & condamné à perdre la tête, 224. Il se sauve, *ibid*. Se réfugie chez le Marquis de Monferrat, 231

Luzaro (Hubert Catanéo) premier Doge depuis la réformation du gouvernement de Gênes par André Doria, II. 51

M

Maillebois (le Marquis de) passe en Corse, III. 88. Il attaque les Rébelles, 90. Renforts qu'il reçoit, 91. Il négocie avec les Corses, 92. Ses opérations militaires, 93. *& suiv*. Il pacifie la Corse, 103. Il repasse en France avec les troupes qu'il commande, 107. Il couvre l'Etat de Gênes du côté de Novi, 150. Il est obligé de quitter cette position, 157

Marchelli, sa tentative sur Isola-Rossa, III. 50. Il est repoussé, 51

Mari, Evêque d'Aléria, s'emploie pour concilier les Corses mécontens avec les Génois, II. 323

Mari (Etienne) commande en Corse, III. 145. Défend la Bastie contre Rivarola & les Anglois, *ibid*. Abandonne la place, 146. Se retire à Calvi, 148

Mariotti, Evêque de Sagone, arrêté & conduit à Gênes, III. 152

TABLE

Matra, chef des Rébelles de Corse, III. 235.
   Assiege la Bastie, *ibid. & suiv.*

Maximilien II. Empereur, tâche de concilier les nouveaux Nobles de Gênes avec les anciens, II. 153

Minorque pillée par les Génois, I. 113

Monaco, retratte des Nobles exilés de Gênes par le peuple, I. 152

Montaldo (Antoine) se souleve contre le Doge Antoine Adorne, I. 196. Est élû en sa place, *ibid*. Son caractere, 197. Soulevement contre lui, *ibid*. Attaqué par divers partis, 200. Abandonne sa dignité, 201. De nouveau élû Doge, 204. Se retire volontairement, 205. Fait prisonnier Antoine Adorne, 207. Le relâche, & est sa dupe, 210. Excite de nouveaux troubles à Gênes, 217. *& suiv.* Meurt de la peste, 219

Montaldo (Baptiste) se souleve contre le Doge George Adorne, I. 236

Montaldo (Leonard) se ligue avec les Nobles mécontens, les Visconti, & le Marquis de Final, I. 165. Son entreprise échoue, & il se réfugie à Pise, 166. Il revient l'année suivante avec des troupes *ibid*. Ceux qui le secondent font leur accord sans lui, & il se retire à Asti, 167. Il cabale avec Antoine Adorne, 179. *& suiv.* Il est élû Doge, 186. Son bon gouvernement, 187. Sa mort, 189

Monteclair (François de) porte à Gênes les ordres du Roi de France, I. 222. Il est mal reçu, *ibid.*

Montemaggiore, poste des Corses rébelles attaqué par les François, III. 91. Forc

DES MATIERES. 293

de se rendre, 94

Montéréi (le Comte de) Ambassadeur d'Espagne à Rome, passe par Gênes, II. 220. Il tâche de concilier les Génois avec le Duc de Savoye, *ibid. & suiv.*

Monti (le Marquis de) défend vigoureusement le poste de Voltri, III. 227. Il est secouru à propos, 228

Morosini (Albert) Amiral des Pisans, I. 85. Il est battu par les Génois, 88. Est fait prisonnier, *ibid.*

Morta (Jean de) élû Doge, I. 150. Son caractere, *ibid.* Sa mort, 155

Mortemar (le Duc de) commandant un détachement de troupes Françoises au bombardement de Gênes, débarque au Fauxbourg de S. Pierre d'Aréna, II. 294. Brûle ce Fauxbourg, 295. Se rembarque, *ibid.*

N

Nadasti (le Comte) entre dans Gênes, III. 165. Position du corps de troupes qu'il commande dans cet Etat, 217. Il attaque le poste de Voltri, 226. *& suiv.* Il est forcé de se retirer, 229

Navire François, chargé d'armes pour la Corse, arrêté par les Génois, II. 350. Il est relâché, sur les plaintes du Ministre de France à Gênes, *ibid.*

Nice, soumise aux Génois, I. 38. Prise par le Comte de Provence. 42

Novi (Paul de) élû Doge, I. 372. Il tente de s'opposer à Louis XII. Roi de France, 373. *& suiv.* Il se sauve, est pris, & a la tête tranchée, 382

Bb iij

Novi, imposé par le Roi de Sardaigne à d'excessives contributions, III. 158

O

Olivarès (le Comte-Duc d') Ministre d'Espagne; ses mécontentemens contre les Génois, II. 218
Olivier (Renaud) Lieutenant du Roi à Gênes, pour le Roi de France, I. 223. Mal reçu & exclus, *ibid.*
Olmetto, district de Corse, se soumet aux Génois, III. 99
Oneille, les Génois s'emparent de cette ville, II. 185. Le Prince de Piémont la reprend, 187. Les Génois s'en emparent de nouveau, 196
Ordre de Chevalerie institué en Corse par Théodore, III. 55
Ornano (Alfonse d') fils de Sampiero, passe en Corse, II. 136. Il échape à l'embuscade dans laquelle son pere est tué, 138. Reconnu Capitaine-Général des Corses, 141. Ses entreprises, 142. Son accord avec les Génois, 144. Il consulte la France sur ce qu'il doit faire, abandonne l'isle de Corse & s'attache au service de cette Couronne, *ibid.*
Ornano (Sampiero d') Voyez *Sampiero*.
Ornano (Vanina d') porte la Seigneurie & le nom d'Ornano à Sampiero de Bastélica qu'elle épouse, II. 97. Elle est étranglée par son mari, 123
Orticoné député des Corses mécontens, vers le Pape, pour lui offrir la souveraineté de la Corse, ou demander sa médiation,

DES MATIERES. 295

II. 349. Il obtient la médiation du Pape, *ib*.

Orticoné, ses premieres liaisons avec Théodore, III. 43. Il négocie pour obtenir des secours à Théodore. 57. En amene quelques uns en Corse, 59

Ovada, prise de cette place par les Piémontois, II. 265

P

Pagana (Frédéric) élû Doge, abdique sur le champ, I. 188

Pallavicini (Guillaume) Gouverneur de Gênes au nom du Duc de Milan, I. 158

Pallavicini (Jean Scipion) Gouverneur de Gênes pour le Duc de Milan, I. 304. Sa conduite dans son gouvernement, 305

Pallavicini (Nicolas) commande les troupes Génoises en Corse, II. 110

Pallavicini (Jerôme) passe en Corse, III. 14. Il ne peut contenir les Insulaires, *ibid. & suiv*. Il repasse à Gênes, 18

Pansa (Paul) ami du Comte de Fiesque, tâche en vain de le détourner de son projet, II. 74. Il négocie l'accord des Conjurés avec le Sénat, 85. Il veut engager Jerôme de Fiesque à remettre à la République le Château de Montobio, 89

Paoli nommé Généralissime des Corses par Théodore, III. 42. Il est attaqué dans le Convent d'Arénio, 94. Il se rend, *ibid*. Il se soumet, 95

Papes. Voyez *Innocent XI. Jules II. Paul III. Gregoire XIII*.

Paul III. (le Pape) s'engage d'appuyer la conjuration du Comte de Fiesque, II. 62

Pélerins passent à Gênes au nombre de sept mille, I. 36

Bb iiij

Penna, les Piémontois assiegent deux fois inutilement cette place, II. 258. & *suiv.* Ils l'assiegent une troisieme fois, 261. Ils levent encore le siege, 263

Philippe II. Roi d'Espagne, tâche de profiter des troubles de Gênes, II. 155. Il soutient le parti des anciens Nobles contre les nouveaux, 157. Ne pouvant tirer avantage de ces troubles, il les termine, 161.

Philippe IV. Roi d'Espagne, offre aux Génois de les secourir contre le Duc de Savoye, II. 169

Pianezze (le Marquis de) consulté par son fils sur les desseins de la Torré, II. 230. Son avis sur cette conjuration, *ibid.* Il dit son sentiment au Duc de Savoye, qui ne le suit pas, 233.

Pinello (Félix) Gouverneur de Corse. Sa mauvaise conduite irrite les peuples de cette isle, II. 321. Il retourne à Gênes, 329. On lui fait son procès, & il est mis en prison, 347

Pinello (Félix) sa conduite à l'égard des Corses, III. 29. Sa sévérité nuit à la pacification, 30. Son fils est fait prisonnier, 31. Il conclut un armistice pour retirer son fils, *ibid.* On propose à Gênes de le rappeller, 32. Grands débats à ce sujet, *ibid.* & *suiv.* Son rappel, 34. Il revient à Gênes, 35

Pisani (Nicolas) Amiral des Vénitiens, battu & fait prisonnier, I. 159

Pisans, leur convention avec les Génois au sujet de la Sardaigne, I. 5. S'emparent de la Corse, *ibid.* Leurs guerres avec les

Génois, *ibid.* & 8. 9. 20. 47. 82. *& suiv.*
Ils offrent de se donner aux Génois, 347.
& 353. Les Génois les refusent, 355
Podestat, création de cette charge, I. 29
Pompiliani chef des Corses rébelles, II. 328.
Sa réponse à Vénéroso, *ibid. & suiv.* Sa
conduite, 329. *& suiv.* Il fait passer au
fil de l'épée les habitans d'Aléria, 330.
Il fait maltraiter les Commissaires de la
République, 331. Les Génois tentent de
le surprendre, 333. *& suiv.* Il échappe
au piege qu'on lui avoit dressé, 335. Il
fait mettre le feu à quelques maisons de
la Bastie, 336. Il est pris prisonnier, 338
Porto-Vecchio, place de l'isle de Corse. Les
François s'en emparent, II. 99
Porto-Vecchio pris par les Corses rébelles,
II. 36
Prato (Jean) Officier Génois, prend Gazelli, II. 254. Suite de ses succès, 255.
& suiv.
Promontorio (Clement) attaque le Doge Antoine Montaldo dans le Palais, I. 200.
Elû Doge. 201. Chassé presque aussitôt,
ibid.

Q

Quesne (le Marquis du) Commandant de
la flote Françoise, arrive devant Gênes,
II. 282. Ses opérations, *ibid. & suiv.*
Bombarde Gênes, 287. *& suiv.*

R

Radini, entre, ou feint d'entrer dans la
conjuration de Vachero, II. 211. Il la

découvre, 212. Est récompensé, 217.

Rafaëlli (le Marquis) Secrétaire des Rébelles, se sauve après les Conférences de Corté, II. 387. Ses papiers sont livrés aux Génois, 390

Rafaëlli, chef des Rébelles de Corse, mis en liberté, III. 8. Se réfugie à Rome, *ibid.*

Rafaëlli, Secrétaire des Rébelles de Corse, se sauve à Florence, III. 1

Ravestein (Philippe Comte de) Gouverneur de Gênes pour Louis XII. I. 352. A ordre du Roi de terminer les différends du Peuple & des Nobles, 362. Entre dans Gênes avec des troupes, *ibid.* Apaise les troubles, 363. Ils renaissent, 364. & suiv. Il ne peut faire respecter son autorité, 369. Il retourne en France, *ibid.*

Remo (San) bombardé par la flote Angloise, III. 143. Mauvaise manœuvre des habitans, *ibid.* Ils en sont punis, 144

René d'Anjou, envoyé de France au secours des François assiégés dans le Château de Gênes, I. 2. 89. Son mauvais succès, 293

Richelieu (le Duc de) arrive à Gênes, II. 215. Opérations de ce Duc, 218. & suiv. Récompenses qu'il obtient, 243

Rivarola passe en Corse, & y excite des troubles, soutenu du Roi de Sardaigne & des Anglois, III. 144. Prend la Bastie, 146. Sa conduite, *ibid.* & suiv. Perd la Bastie, 150. Son parti se décrédite, 152. Se rétablit, 213. On arrête ses progrès, 214. Il est forcé de se retirer à San-Fiorenzo, *ibid.* Il assiege la Bastie, 235. Sa mort, *ibid.*

Robert, Roi de Naples, secourt Gênes,

DES MATIERES.

116. Les Génois le reconnoissent pour leur Souverain, *ibid*. Il fait lever le siege de Gênes, 117. Il est arbitre de la paix entre les Guelfes & les Gibelins, 126. Sa politique, 128. Le Gouverneur qu'il envoie à Gênes forcé par les Gibelins d'en sortir, 130

Roccabertin Lieutenant du Roi de France à Gênes, I. 356. Ses soins pour empêcher les troubles entre le Peuple & les Nobles, *ibid. & suiv.* Forcé de se réfugier dans le Château, 372

Rois de France. Voyez *Charles* VI. VII. & VIII. *Louis* XI. XII. XIII. & XIV.

Roquepine (le Marquis de) attaque le poste de Varaggio, III. 223. Le force, 224. l'abandonne, *ibid.*

Rossi livre Vachero, pour sauver son fils qui avoit trempé dans la conjuration des Génois, II. 213

Rostino attaqué par les Rébelles de Corse, III. 110

S

Sabran Envoyé de France à Gênes, II. 222. Inquiétudes de l'Espagne a ce sujet, *ib.*

Sacco (Raphaël) confident du Comte de Fiesque, II. 63. Son caractere, 64. Ce qu'il pense de la conjuration du Comte, 68. Il se réfugie en France, 85. Il revient auprès de Jerôme Fiesque, 88. Il est pris avec lui & puni, 92

Saint-Olon, Ministre de France à Gênes, se plaint des procédés des Génois à son égard, II. 277. Sa fermeté, 278. Il est rappellé, 279. Son discours au Sénat en prenant congé, 289

Saint-Séverin, Général de l'armée Milanoise, soumet Gênes au Duc de Milan, I. 216. & *suiv*. Mécontent de sa Cour, est Général des Génois révoltés contre le Duc, 323. Ses opérations, 324. & *suiv*.

Saluzzo (Alexandre) Gouverneur de Corse, menage adroitement les esprits des Insulaires mécontens, II. 320

Sampiero (ou San-Pietro d'Ornano) ses premieres avantures, II. 98. Il contribue à la révolution de la Corse en faveur des François, 98. & *suiv*. Sa mésintelligence avec le Marquis de Termes, 110. Il se brouille avec des Ursins, 116. Son mécontentement de n'être pas nommé par le Roi de France Vice-Roi de Corse, 117. Il passe en France, *ibid*. Il retourne en Corse avec de belles paroles, 118. Il repasse en France après la pacification de la Corse, 121. Ses nouveaux projets pour réveiller les troubles de cette isle, *ibid*. & *suiv*. Il étrangle sa femme, 122. Il débarque en Corse, où un parti se déclare pour lui, 125. Ses progrès, *ibid*. & *suiv*. On met sa tête à prix, 125. Il engage les Corses à avoir recours à la France, 131. Ses députés n'obtiennent rien, 135. Il les y renvoie, 136. Ils reviennent avec quelque argent, *ibid*. Ses embarras, 137. Il tombe dans une embuscade & est tué, 138. Son caractere, 139. Réjouissances publiques des Génois à sa mort, 140

San-Fiorenzo ville de Corse, se rend à Sampiero, II. 99. Est bloquée par André Doria, 103. Elle se rend, 107. Est démo-

DES MATIERES.

lie, & les François y prennent poste, 114. Tombe aux mains des Corses mécontens, qui y tiennent une assemblée générale, 342. Ils l'abandonnent, 355

San-Pellegrino, ville de Corse, prise par le Baron de Vachtendonck sur les Corses rébelles, II. 359. Il l'abandonne, *ibid.* Il y renvoie des troupes, qui s'y retranchent, 360

Sardaigne prise sur les Sarrazins par les Génois & les Pisans, I. 5. Barissone Roi de cette isle, 21. Elle est partagée entre les Pisans & les Génois, 28

Sardaigne (le Roi de) se fait céder Final par un article du Traité de Wormes, III. 126. Ses efforts pour s'en emparer, 129. Ses hostilités contre les Génois, 132. Il tire de grosses contributions de Novi, 158. Il entre dans Savone, 166

Sarrazins, perdent la Corse que les Génois leur enlevent, I. 3. Pillent & brûlent Gênes, 4. Chassés de Sardaigne par les Génois & les Pisans, 5. Attaqués en Espagne par les Génois, 12. *& suiv.* Croisades contre eux, 6. *& suiv.*

Sartémurata, fort dont les Rébelles de Corse s'emparent, III. 30

Sartene, entreprise des Rébelles de Corse sur cette place, II. 371. *& suiv.* Résistance des habitans, 372

Sarzane, guerre des Génois & des Florentins au sujet de cette place, I. 330. Elle reste aux Florentins, 331. Les Génois l'achettent, 349

Savone se souleve contre les Génois, & est châtiée, I. 40. Se révolte de nouveau,

52. Assiégée par les Génois, 55. Ils levent le siege, 57. Elle se soumet, 61

Savone prise par les François & leurs alliés, II. 36. Les François refusent de la rendre aux Génois, 41. Prise par les Génois, 46. Le Prince de Piémont fait mine de vouloir l'assiéger, 193

Savone garnie de troupes par les Génois, III. 133. Bombardée par la flote Angloise, 141. Prise par le Roi de Sardaigne, 166. La Citadelle se prépare à une vigoureuse défense, 174. On en fait le siege, 176. Les Génois tentent inutilement de la secourir, 185. Elle se rend, 186. Entreprise du Duc de Richelieu sur Savone, 230. Elle échoue, 231

Savoye (Ducs de) Voyez *Charles-Emmanuel* & *Victor Amedée*.

Schmettau. Les Rébelles de Corse députent vers lui pour traiter d'accommodement, II. 384. Relations différentes de cette négociation, 385. *& suiv.*

Schulembourg (le Comte de) ses hostilités sur le territoire de Gênes, III. 135. Vient remplacer le Marquis de Botta, 193. Il marche vers Gênes, 196. Détail de ses opérations, *ibid. & suiv.* Il parvient à s'établir sur le bord de la mer, 207. Il y reçoit de l'artillerie, *ibid.* Il est appellé au secours du Roi de Sardaigne, 208. Il se retire de devant Gênes, 211. Suites de sa retraite, 212. *& suiv.*

Scio, entreprise des Génois sur cette isle, I. 154. Ils s'en mettent en possession, *ibid.* Les Vénitiens tentent de s'en emparer, 247. Ils sont repoussés, *ibid.*

Seignelay (le Marquis de) explique aux députés Génois les intentions du Roi de France, II. 283

Sénaréga tâche de concilier les anciens Nobles Génois avec les nouveaux, II. 148

Sforce (François) Duc de Milan, soutient les Génois soulevés contre la France, I. 288. Le Roi de France lui cede Savone, & on lui remet presque tout le reste de l'Etat, 297. Les Génois se soumettent à lui, 298. Ses troupes entrent dans Gênes, 299. Sa mort & son éloge, 302

Sforce (Galéas) Duc de Milan, est reconnu Souverain de Gênes, I. 302. Mécontentemens des Génois contre lui, 303. & suiv. Ils se révoltent, 308. Son caractere & sa mort, 309

Sforce (Jean Galéas) Duc de Milan, soumet Gênes, I. 316. Pardonne aux Génois, *ibid.*

Sforce (Ludovic) Duc de Milan, Souverain de Gênes, demande au Roi de France l'investiture de cet Etat, I. 343. Sa mort, 353

Sicile, les Génois aident l'Empereur à s'en emparer, I. 32. A quelles conditions, 30

Spinola (Conrad) nommé Capitaine du Peuple, I. 99. Se démet de sa dignité, 102

Spinola (François) envoyé au secours de Gaëtte, I. 249. Chef des mécontens contre le Duc de Milan, 256

Spinola (Galéotto) Capitaine du Peuple, I. 130. Forcé de sortir de Gênes, 142. Il y veut rentrer par force, 149. Il se retire, 152

Spinola (Gaspard) Amiral des G[...] remplace P. Doria tué au siege de [...] se, I. 178. Il leve le siege,

Spinola (Hubert) se fait élire Capit[...] Peuple, I. 71. Il abdique, 73. [...] velles tentatives, 74. Se ligue avec [...] ria, *ibid*. Se fait élire avec lui Ca[...] de la liberté Génoise, 77. Il ab[...]

Spinola (Obizo) Capitaine du Peu[...] 103. Marie sa fille au Marquis de [...] ferrat, 115. Jalousie, & troubles [...] séquence, *ibid. & suiv*. Il est décla[...] Gouverneur absolu de Gênes, [...] en est chassé, 107. Guerre civ[...] cause, 108. Il est condamné à [...] 109, Réconcilié par l'Empereur [...] VII.

Spinola (les) sont avec les Doria les [...] cipaux chefs du parti Gibelin, I.

Spinola (Augustin) Lieutenant d'An[...] ria, passe avec lui en Corse [...] Il y commande les troupes Génoi[...] le départ de Doria, 109. Il veut [...] Corté, & son détachement est batt[...] Il laisse le commandement à Nic[...] lavicin,

Spinola (Jean-Ange) sa belle défen[...] la Bastie, III. 236.

Spinola (le Marquis) commande [...] III. 108. Ses procédés pleins de [...] *ibid*. Fâcheuses suites de l'amni[...] publie, 109. Il fait publier le [...] Reglement de pacification, 115.

Syracuse cédée aux Génois par l'E[...]

DES MATIERES. 305

Frédéric I. I. 19

T

TAlaro, le seul endroit de la Corse où les Rébelles se soutiennent, III. 96. Ce district se soumet peu à peu, 100

Ténédos, cette isle allume une cruelle guerre entre Venise & Gênes, I. 170. Les Génois tentent en vain de s'en emparer, *ibid*. Elle ne reste en propre à aucune des deux Nations par le traité de paix, 179

Termes (le Marquis de) descend en Corse avec un corps de troupes Françoises, II. 98. Se rend maître de la Bastie, 99. Ses diverses opérations en Corse, 100. *& suiv*. Il se brouille avec Sampiero, 110. Il quitte la Corse, 112

Théodore Paléologue, Marquis de Monferrat, est reconnu par les Génois pour leur Souverain, I. 232. *& suiv*. On conspire contre son pouvoir, 234. Son Lieutenant sort de Gênes, *ibid*. Le Marquis consent d'évacuer l'Etat de Gênes, 235

Théodore, Baron de Newhoff, passe en Corse, III. 36. Il y est reconnu Roi par les Rébelles, 37. Ses Reglemens & ses opérations militaires, 42. *& suiv*. Particularités qui le concernent, 43. Il échoue devant la Bastie, 48. Il fait battre monnoie à son coin, 49. Ses progrès, 51. *& suiv*. Arrangemens qu'il établit, 54. *& suiv*. Il part de Corse pour aller chercher des secours, 57. Sa tête est mise à prix par les Génois, 60. Ses voyages, 61. Il est arrêté en Hollande, *ibid*. Il est élargi,

Tome III. C c

62. Il reparoît en Corse, 71. Ses tentatives pour y rétablir son parti, 72. *& suiv.* Il se retire, 73. Ce qu'il devient, *ibid. & suiv.* Il se montre encore une fois en Corse, 116. *& suiv.* Sans succès, 118

Torré (la) conspire contre Gênes, II. 228. Son éducation & ses premieres avantures, 229 *& suiv.* Il fait part de son projet contre Gênes au Marquis de Livourne, & est présenté au Duc de Savoye, qui lui promet de le soutenir, 231. Détail de ce projet, 233. *& suiv.* Il est découvert, 235. On fait son procès à Gênes, & on met à prix sa tête, 236. Suite des avantures de la Torré, 268. *& suiv.* Sa mort, 271. Son caractere, *ibid.*

Tortose, prise par les Génois, I. 14

Traité de Wormes, III. 125. *& suiv.* Traité définitif de paix, 245

Trivulce (Erasme) Gouverneur du Duc de Milan à Gênes, I. 256. On se souleve contre lui à son arrivée, *ibid.* Il se défend dans le Château, 258. Il est forcé de capituler, *ibid.*

Trivulce (le Cardinal), ses négociations avec le Comte de Fiesque au sujet de la conjuration de ce Comte, II. 62. *& suiv.*

Trivulce (Théodore) Gouverneur de Gênes au nom du Roi de France, II. 40. Sa trop grande sévérité, 43. Il est assiégé par André Doria dans le Château où il s'étoit renfermé, 45. Contraint de se rendre, 47.

V.

*V*achero appuyé du Duc de Savoye

contre Gênes, 208. Motif de sa conspiration, 209. Ses intrigues & ses projets, *ibid. & suiv.* Il est découvert, 212. Arrêté, 213. Réclamé en vain par le Duc de Savoye, 216. Mis à mort, 217

Vachtendonck (le Baron de) commande le secours accordé par l'Empereur aux Génois contre les Rébelles de Corse, II. 352. Il passe dans cette isle, *ibid.* Ses opérations, 353. *& suiv.*

Vachtendonck (le Baron de) reçoit une Lettre menaçante de la part des Corses Rébelles, III. 4. Il publie le Reglement de pacification de la Corse, 10. Il part de cette Isle, 11. Il marche au secours de Biguglia & la dégage, 370. Il tente de secourir Sarténé & est battu, 376

Valenti (Jean) élû Doge, I. 155. Se démet, 158

Vallier commande à Gênes en l'absence de Jean d'Anjou, I. 283. Plaintes que les Génois lui portent, 284. On se souleve contre lui, 285. Il se jette dans le Château, *ibid.* Il se rend, 295

Varaggio attaqué par les François, III. 223. Il est forcé, 224. Détruit & abandoné, *ib.*

Vela, Commandant des troupes Génoises en Corse, ses opérations, II. 352. *& suiv.*

Veneroso (Jerôme) passe en Corse pour tâcher de pacifier cette isle, II. 324. Ses efforts, 325. *& suiv.* Il tente de toucher les Corses, 327. Il retourne à Gênes sans avoir rien obtenu, 329

Venitiens, leurs guerres contre les Génois, I. 37. 64. 67. Ils battent la flote Génoise, 68. Ils en prennent une autre, 72. Font

Cc ij

la paix, 75. Nouvelle guerre, 95. *&*
suiv. Terminée, 101. Recommencée,
155. *& suiv.* Finie, 160. Rallumée, 170.
& suiv. Venise assiégée, 174. Elle demande la paix, qu'on lui refuse, 175. Le
siege est levé, 178. Elle fait la paix, 179.
Elle rentre en guerre contre Gênes.
247. Nouvelle paix, 248

Vénitiens, se liguent avec le Duc de Savoye
contre Gênes, II. 168

Ventimille se souleve souvent contre les Génois, I. 38. Soutient un long siege, puis
se rend, *ibid.*

Ventimille, les François abandonnent cette
place, & laissent garnison dans le Château, III. 166. Belle défense de ce Château, 172. Il est obligé de se rendre, 174.
Il est repris par les François, 215

Verrina, confident du Comte de Fiesque,
son caractere, II. 64. Son sentiment sur
la conjuration du Comte, 67. Se sauve
en France, 85. Son retour auprès de Jerôme Fiesque, 88. Assiégé avec lui dans
le Château de Montobio, 90. Il est pris
& puni, 92

Vescovato, les Rébelles de Corse s'y retranchent, II. 354

Vescovato, poste où les Rébelles de Corse
se retranchent, III. 16

Vialé, Evêque de Savone, soulevé contre
Antoine Adorne, entre dans Gênes,
I. 194. Il est arrêté & mis en prison, *ibid.*

Vico découvre la conjuration de la Torre,
II. 234

Vicomercato Gouverneur de Gênes pour le
Duc de Milan, I. 308. Obligé par le

Fiesques de se retirer dans le Château, *ibid.*

Victor-Amédée, Duc de Savoye, fait la paix avec les Génois par la médiation de l'Espagne, II. 226. Accorde sa confiance à la Torré, 233. Arme contre Gênes & commence la guerre, 236 Opérations de son armée, 238. *& suiv.* Son manifeste, 241. Reponse que les Génois y font, 242. Replique du Duc, 243. Progrès de ses troupes, 245. Elles sont coupées, 248. Et détruites en la meilleure partie, 249. *& suiv.* Nouveaux efforts de ce Prince, 257. Peu heureux, 258. *& suiv.* Sa paix avec les Génois par la médiation de la France, 267

Villemur (le Marquis de) force le village de Lavateggio en Corse, III. 93. Il réconcilie les Corses entre eux, 104

Wirtemberg (le Prince de) passe en Corse pour soumettre les Rébelles, II. 378. Sa conduite, 379. Il offre aux Corses la médiation de l'Empereur, 380. Il attaque les Rébelles, 381. *& suiv.* Il les force à se soumettre, 383. Négociation & treve, 385. Conférences, 386. Traité, 388. Il fait arrêter les principaux chefs des Rébelles, 389

Wirtemberg (le Prince de) presse les Génois de remettre en liberté les chefs des Rébelles de Corse, III. 2

Visconti (Barnabé) diversion qu'il fait dans l'Etat de Gênes en faveur des Vénitiens, I. 175. Ses troupes sont battues, 176

Visconti (Jean) Archevêque & Seigneur de Milan, élû Souverain de Gênes, I. 158.

Ses neveux lui succedent dans cette Souveraineté, 160. Gênes se soustrait à la domination des Visconti, 163

Visconti (Jean Galéas) soutient les diverses factions des Génois, I. 198. 213. & *suiv.*

Visconti (Luchino) Seigneur de Milan, arbitre des différends entre le Peuple & la Noblesse de Gênes, I. 152. Il les accorde, *ibid.*

Visconti (Philippe Marie.) guerre de ce Prince contre les Génois, I. 241. Reconnu Souverain de Gênes, 242. Sa politique 243. & *suiv.* Mécontentemens des Génois contre lui, 252. Il veut les apaiser, 254. Soulevement contre lui, 256. Les Génois sont soustraits à son pouvoir, 257. & *suiv.* Il excite des troubles dans Gênes, 263.

Visconti Gouverneur de Gênes pour les Ducs de Milan, I. 313. Obligé de se sauver dans le Château, *ibid.*

Vivaldo (Luchino) beau trait de ce Génois, I. 210

Vivaldo (Pierre) passe en Corse pour remplacer Etienne Doria, II. 137. Sa conduite, *ibid & suiv.*

Uncivia, Tour dans l'isle de Corse, où cent vingt-sept Grecs se réfugient, II. 345. Belle défense qu'ils y font, *ibid. & suiv.*

Voltaggio, pris par le Duc de Savoye, II. 179. Il l'abandonne & y met le feu, 192.

Voltri est pris par les Autrichiens & mis au pillage, III. 202. Il est attaqué par le Comte Nadasti, 226. Il est secouru, 228

Ursins (Jourdain des) commande les troupes de France en Corse après le départ du

DES MATIERES.

Marquis de Termes, II. 112. Il assiege inutilement Calvi, 113. Fait aussi inutilement une tentative sur la Bastie, 114. Il se brouille avec Sampiero, & retourne en France, 116. Il repasse en Corse, dont il est nommé Viceroi, 117. Il évacue cette isle, 119

Z

Ziccaro, village de Corse où les Rébelles se retranchent, III. 97. Il est attaqué par M. de Maillebois, 100. Les Rébelles abandonnent ce poste, 101. Les François s'y logent, puis le quittent, 102. Les Corses y reviennent, *ibid.* Ils l'abandonnent de nouveau, 105

Zoaglio (Nicolas) élû Doge, I. 206. Conspirations contre lui, *ibid.* Il se retire, *ibid.* Il se souleve à son tour, mais sans succès, 207

Zuccarello, cause d'une guerre considérable entre les Génois & le Duc de Savoye, II. 165. *& suiv.* Les Génois s'en emparent, 197. *& suiv.* Projets pour concilier les prétentions respectives à ce sujet, 223. *& suiv.* Zuccarello reste aux Génois par le Traité de paix, 226. Pris par les troupes du Duc de Savoye, 247

Zuccarello, pris par les troupes du Roi de Sardaigne, III. 159. Repris par les Génois, 160

Fin de la Table des Matieres.

Errata pour le Tome III.

Page 3. ligne 17. doit, *lisez* devoit
Page 8. lig. 21. Asselli, *lis.* Astelli.
Page 10. lig. 20. des Capitaines, *lis.* de Capitaines.
ibid. lig. 23. avoit, *lis.* auroit.
20. lig. penultieme, forcés, *lis.* forcées.
31. lig. 12. Vezano, *lis.* Rezano.
55. lig. 10. lieues, *lis.* milles. N. B. ces dimensions sont exagérées, comme on le voit par la belle Carte de Corse que M. Bellin a jointe à cet Ouvrage.
63. lig. 25. Coses, *lis.* Corses.
79. lig. penult. orceroient, *lis.* forceroient.
107. lig. 21. depuis, *lis.* depuis peu.
114. lig. 14. sous les ordres la garantie, *lis.* & la garantie.
147. lig. 13. conduiroient, *lis.* seconderoient.
184. lig. 1. d'Aané, *lis.* d'Aréna.
206. lig. 26. Lannira, *lis.* Lannion.
220. lig. 2. ou, *lis.* en.
241. lig. dern. signa, *lis.* signerent.
243. lig. 8. Vasne, *lis.* Varaggio.

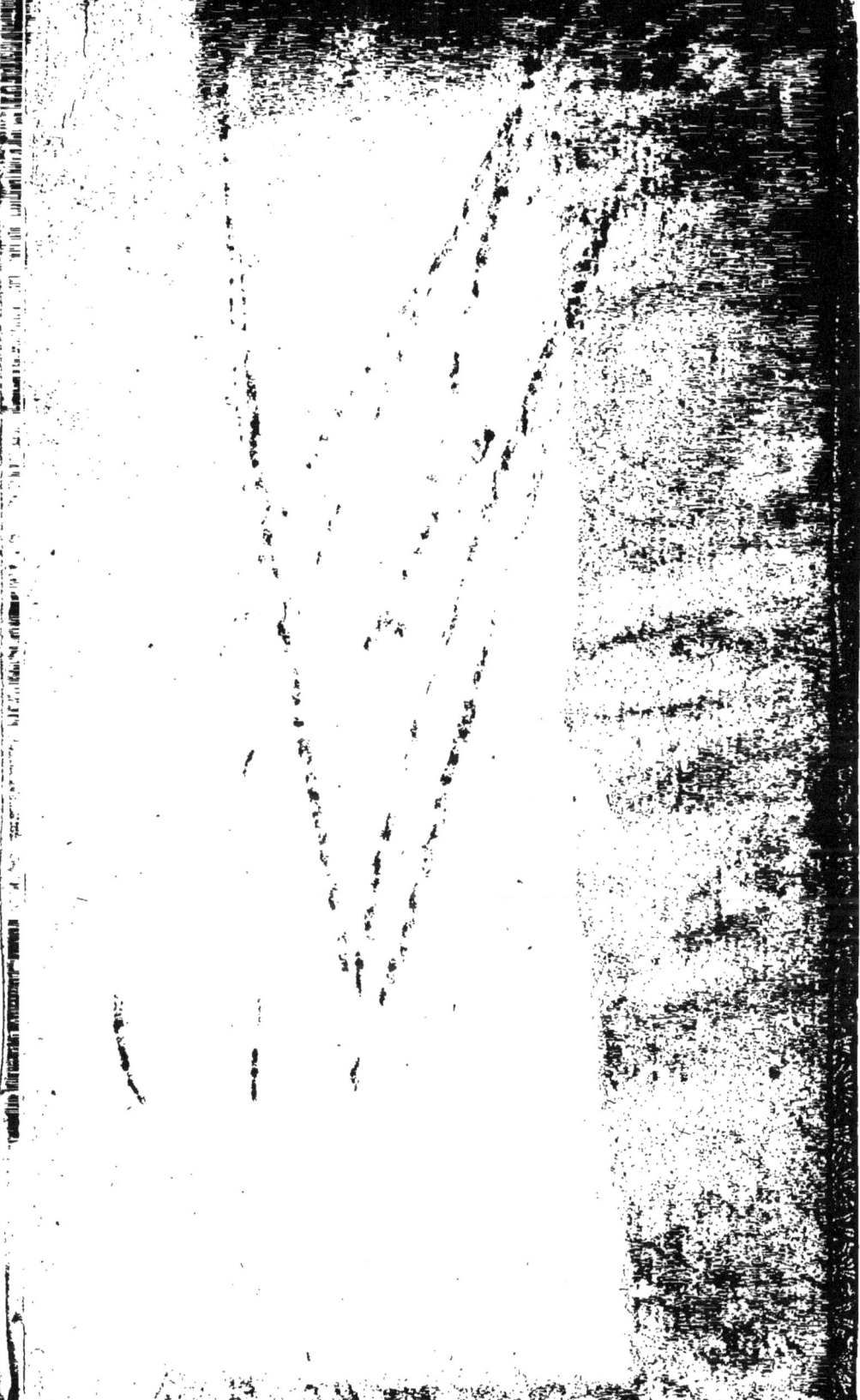

www.ingramcontent.com/pod-product-compliance
Lightning Source LLC
Chambersburg PA
CBHW070610160426
43194CB00009B/1243